# INTEREST
Richard Swedberg

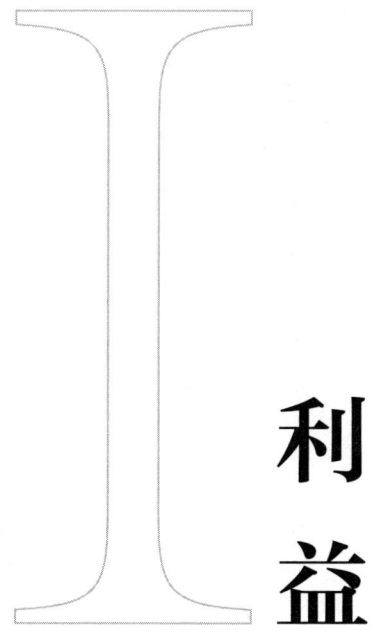

利益

著_ 理查德　斯威德伯格
译_ 周明军

Interest
Swedberg, Richard
ISBN: 9780335216154

Copyright © 2005 by McGraw-Hill Education.

All rights reserved. No part of this publication may be reproduced or transmitted in any form or by any means, electronic or mechanical, including without limitation photocopying, recording, taping, or any database, information or retrieval system, without the prior written permission of the publisher.

This authorized Chinese translation edition is jointly published by McGraw-Hill Education and Central Compilation & Translation Press. This edition is authorized for sale in the People's Republic of China only, excluding Hong Kong, Macao SAR and Taiwan.

Translation Copyright © 2019 by McGraw-Hill Education and Central Compilation & Translation Press.

## 图书在版编目（CIP）数据

利益／（瑞典）理查德·斯威德伯格（Richard Swedberg）著；周明军译. —北京：中央编译出版社，2020.1
ISBN 978-7-5117-3510-2

Ⅰ. ①利… Ⅱ. ①理… ②周… Ⅲ. ①利益－研究 Ⅳ. ①B82

中国版本图书馆 CIP 数据核字（2018）008145 号

## 利益

出 版 人：葛海彦
出版统筹：贾宇琰
责任编辑：杜永明
责任印制：刘 慧
出版发行：中央编译出版社
地　　址：北京西城区车公庄大街乙 5 号鸿儒大厦 B 座（100044）
电　　话：（010）52612345（总编室）　　（010）52612339（编辑室）
　　　　　（010）52612316（发行部）　　（010）52612346（馆配部）
传　　真：（010）66515838
经　　销：全国新华书店
印　　刷：佳兴达印刷（天津）有限公司
开　　本：880 毫米×1230 毫米　1/32
字　　数：123 千字
印　　张：8
版　　次：2020 年 1 月第 1 版
印　　次：2020 年 1 月第 1 次印刷
定　　价：48.00 元

网　　址：http://www.cctphome.com　　邮　　箱：cctp@cctphome.com
新浪微博：@中央编译出版社　　微　　信：中央编译出版社（ID: cctphome）
淘宝店铺：中央编译出版社直销店（http://shop108367160.taobao.com）
　　　　　（010）55626985

本社常年法律顾问：北京市吴栾赵阎律师事务所律师　　闫军　　梁勤
凡有印装质量问题，本社负责调换，电话：（010）55626785

# 前　言

> 引导我们开展研究的概念是我们利益的表达，这些利益还支配着我们的研究兴趣。
> ——维特根斯坦《哲学研究》

迄今为止，在社会科学的语汇表中有很多概念，它们都没有得到其应有的、足够多的讨论，这其中，利益就是一个这样的概念。在这本书中我将努力描述出利益曾被使用过的不同路径，以及关于利益的许多不同定义。虽然我本人是社会学出身，但是我同样关照利益这一概念在其他学科中的使用情形，尤其是经济学和政治科学。

对利益这一概念做一个彻底的讨论应该需要占有大量的素材，希望我在知性层面所做出的这些选择是正确的。我还付出了巨大的努力，对许多曾经使用过利益这一概念的作者们的观点进行了评论，同时我也批评了他们。赞扬和批评，在这两项不同的任务上找寻一个良好的平衡，总是很难做到的。

本书第一章的主题是利益以及它的诸多传统。当我们穿越几个世纪追寻利益这一概念的不同使用路径时，我认为，我们可以发现大量的、丰富的不同用法，而这其中很多的情形今天看来仍然极富灵感。第二章主要探讨这样一个主题：在十九世纪利益这一概念是如何转化成为一个社会科学概念的，在这里关键的问题是在这一过程中，我们得到了什么，失去了什么？第三章讲述了这样一个经历：从经典时期[①]一直到今天，社会学家们是如何把利益这一概念整合进他们理论中去的，同时这也是一个去糟取精的过程。在第四章中，我讨论了利益这一概念在现代政治科学和经济学中的使用路径。我还提出一个理解利益这一概

---

[①] 原文是"the classics"其本意是指古罗马和希腊时期的语言、文学以及历史，这里翻译为经典时期。——译者注（本书中的注释都是译者注，以后不再指明）

念的新的进路：它意味着什么以及它应该怎样被使用。我尝试从一种完全不同的观点来强调利益的问题，而读者才是这一价值判断的裁判。

这本书的最后一部分是附录。在附录中主要关注的是一个在现存文献中还没有被讨论的问题：利益被当作一个政策概念。因为缺乏在这一主题上的素材，我选择了案例分析的形式来探讨这一问题。我选择的个案是利益冲突的立法，及其在最近发生于美国的公司丑闻案中的角色。

我要感谢弗兰科·帕金，作为这一系列丛书的主编，他给我了许多有益的批评。我还要感谢菲利普·施密特，因为他善意地允许我使用了他那些创作于二十世纪八十年代早期的、从未发表过的、关于利益这一概念的很多素材。最后我要感谢我的朋友以及同事们：帕特里克·阿希伯斯、皮埃尔·德缪兰纳埃尔、约翰娜·赫伯恩、维克多·尼以及吉尔·奥卡登，在利益这一概念以及它的使用路径方面，他们给了我大量的建议、灵感和资料。

谨以此书献给玛贝尔·波尔金。

理查德·斯威德伯格

# 目　录

前　言 ································································· 1

**第一章　利益及其传统** ··············································· 1
利益这一概念的历史，也即利益诸多丰富的
　　传统 ····························································· 11
利益概念在法国伦理学派（拉罗什福科）中
　　的应用 ··························································· 22
利益在苏格兰启蒙运动中的应用（大卫·休谟，
　　亚当·斯密） ····················································· 28
功利主义者（边沁，密尔）对利益的使用 ······· 39
结　论 ································································ 47

## 第二章　成为一个社会科学概念的利益 ············ 49
作为一个社会学概念的利益，第一部分：
　　经济学 ·································· 54
作为一个社会学概念的利益，第二部分：
　　社会学先驱 ······························ 66

## 第三章　社会学家论利益 ·························· 77
进路1：作为社会生活中驱动力量的利益 ········ 82
进路2：作为社会生活中一种主要力量的
　　利益 ···································· 105
进路3：几乎没有或者没有任何重要性的
　　利益 ···································· 127
结　论 ······································ 131

## 第四章　作为活动和类比的利益 ···················· 137
在现代经济学中利益的角色 ·················· 138
在政治科学中利益的角色 ···················· 154
将利益的讨论转向一个新的方向 ·············· 167
三个例子 ·································· 178
结　论 ···································· 188

附　录　作为政策工具的利益——个案分析 …… 194
　在法律思想中以及在美国公司丑闻案的公共
　　话语之中的利益冲突概念 ………………… 196
　在公司丑闻案中利益冲突的背景 ……………… 199
　在会计行业和经纪行业中的利益冲突 ………… 202
　解决利益冲突的尝试 …………………………… 205
　结　论 …………………………………………… 210

参考文献 ……………………………………………… 214
索　引 ………………………………………………… 233
译后记 ………………………………………………… 243

# 第一章

# 利益及其传统

在社会科学中有一个经典的问题：是什么导致了人们按照一种特定的方式行事？一个同样经典的答案是：他们的利益。基于利益这一概念的重要性，人们往往会认为这个概念已经得到了大量的讨论，以至于它的含义以及它应该如何被运用，现在应该存在着一些清晰的界定。然而事实并非如此，关于这一问题的研究，今天最多的还是在英语领域。导致这一缺憾的原因不太容易理解，但是或许和这样的一个事实有关，即早在现代社会科学诞生之前的很长时间里，利益这一概念就已经在解释人们的行为选择中扮演了重要的角色，基于此我们往往部分地会认为这是想当然的。

从每天的日常用语到政治和社会科学领域，利益的概念经常而且十分容易地被运用在大量的不同语境之中。它的含义看起来是不言而喻的，对于它也几乎不需要定义，这都基于这样的一个普遍被接受的观点：利益是一个重要的力量，它驱使或者决定人们以及集团的行为。我们都认同这样的观点：人是自利的；一个国家和世界上的其他部分利益攸关；在政治生活中有大量的利益集团。利益这一概念的灵活性——也就是说它可以十分容易地被运用在不同的语境中，来分析许多不同的现象，我认为，这是它的诸多优势中的一项内容。

当然，毫无疑问，这种灵活性也有其缺陷，比如这一点使得利益这一概念很难明确。但是现在我还不准备改变主题，我要继续在这种灵活性以及它积极的含义上面谈下去。首先，一个重要的事实是，利益这一概念已经和正在被大量地用在社会科学领域，它是经济学、社会学、政治科学以及历史学中的关键概念，我们也能在哲学、法学、语言学以及一些别的学科中发现这一概念，而那些活跃在实业界——比如法律界、政治界等的人们，同样也使用这一概念。基于所有这些现象我们能得出这样一个结论：那些使用利益这一概念的人们能够吸收它的许多不同的传统，在这些传统里利益有着许多不同的使用路径。这样的结果就是，在社会科学中很少有像利益这样内涵丰富的概念，而我在这项研究中准备完成的一个目标就是，着眼于利益这一概念被使用过的许多独创性的路径，这些使用者中有社会学家、经济学家、政治科学家、政治家，等等。

然而，利益这一概念基于自身多样性的传统所呈现出来的丰富内涵，在今天并不太受赞赏，导致这一点的主要原因如下：利益这一概念，甚至更多的是自利这一概念，在最近的学科中被急剧地削减为一个单一层面的含义，也就是"经济自利"。对于经济学家来说（利益含义的这一遭遇，其罪魁祸首恰恰是经济学家），利益等同于自利，而且根据一个普遍的标准，利益是能够测量的，这一标准通常就是金钱。然而当行为主体被我们通常说的利他主义所激发，或者说当他们不能确定是否意识到了利益的时候，这种解释就几乎不起作用了。因为如此看来，利他主义就相当于自利，而不确定就相当于或然性和冒险。

# 4

经济学家们这种看待利益的方式有其显而易见的优势，尤其当被用来规范分析体系时，这种方式经常被那些（经济学家们的）支持者们所看重。但是这种方式也和利益这一概念丰富而复杂的使用路径形成了极其鲜明的对比，这才是几个世纪以来诸多思想家们使用的路径，这些思想家包括拉罗什福科[①]、大卫·休谟、亚当·斯密、阿莱克西·德·托克维尔、卡尔·马克思、马克斯·韦伯以及其他很多人。对这些思想家来说，利益是一个非常方便而又灵活的概念，用它可以解释手头上的一些特殊而又具体的任务，其结果就是利益的使用呈现出了大量的、不同的形式。这里还要指出的是，在利益这一概念存在的最初几个世纪里，在很多情况下，它并没有被用作一个基本的原理，从而像在现代经济学中一样，承担起一整套思想体系基础性的角色；在最初阶段当要搞清楚某个被认为是难以理解的情形的含义时，经常使用利益的概念，比如我们常说的邪恶与美德之间的关系

---

① 拉罗什福科（La Rochefoucauld，1613—1680），法国思想家，著名的格言体道德作家，1613年9月15日生于巴黎一个家世显赫的大贵族家庭。早年热衷于政治，先是反对红衣主教黎塞留，遭到入狱并流入外省；后又卷入反对首相马扎兰及王权的政治密谋和武装斗争，参加投石党之乱并几次负伤。晚年不问政治而出入于各种文艺沙龙，著有《回忆录》（1662）与《道德箴言录》（1665—1678）两部作品。

(曼德维尔)、私利和普遍利益(亚当·斯密)等情形。

正如我注意到的,由于这些以及其他的原因,那种谈及利益的方式是不正确的,在那里利益不知何故被从所有的使用路径中只提取出了一种含义,然后以一个聪明的定义形式呈现给读者。利益这一概念更适合被理解为一个相当丰富而又广泛意义的概念,应该呈现出它的众多使用路径,正如拉罗什福科、大卫·休谟、亚当·斯密等思想家曾经使用过的一样。阿尔伯特·赫什曼(Hirschman)在他的《激情与利益》一书中说,十七世纪以来利益被称为一个"新的范式",在这里很多类型的问题和分析都找到了注脚。(赫什曼,1977:42)我同意赫什曼的观点,在西方利益这一概念的出现确实发出了产生一种新观点的信号。这还是一个比其他众多社会科学概念内涵丰富得多的概念,这一点导致了对它的使用在理论中往往不太一致,比如马克思和韦伯,他们都使用利益这一概念,但是韦伯在很多方面与马克思的观点有差异。

基于利益在不同理论中的许多使用路径,把它看作一个新的范式或者新的观点是十分可行的。在这一章里我的主要精力就是要探索几个世纪以来利益这一概念大量的使用路径,但我还要尽力明确它的一般含义,在某种程度上,这一点是可以做到的。

在对利益这一概念的演化做一个简单的历史描述之前,(这段历史包括从中世纪晚期一直到今天)先做一些概念的区分工作将是很有益的。这其中的一个区分就和解释权有关,这种解释权在很多的理论中被分配给了利益这一概念。这里还有一个事实,有些分析家使用了统一的也就是单一类型的利益,而其他人则使用了大量的、不同种类的利益,比如经济利益、政治利益、性(别)利益等。利益通常被看作拥有一个时间的向度,例如可能是长期的或者短期的利益。我们往往还假定行为者有时候能意识到他们的利益,而在别的时候却不能。最后,利益可以被看作给定的或者是已经型构好的。

这些区分都是很重要的,因此接下来对它们中的每一个我都会做出较为详细的说明。比如利益在分析体系中有多大的解释权力的问题,我们可以认为其无所不在,也可以认为它一无是处。在以前的个案中,利益有变成一个不必要的同义反复概念的危险,比如在十七世纪有许多思想家就用利益来解释现实中所有事实,就像今天一些经济学家所做的那样。为了更好地描述早期的这种把利益转化为对社会万象注解的倾向，我们可以引用爱尔维修的名言："正如物理世界是被运动规律所统治的一样，道德的世界则接受利益规则的统治。"［爱尔维修，（1758）2000：42］

相反，在一些现代社会学中，在解释正在发生的情形时，利益要么被看作根本没有影响，要么被看作仅有很小的影响。比如根据所谓的关系社会学的分析，通过"物质"（例如利益）来解释社会现象，就是过时的甚至是错误的；一切现象都应被看作处于关系之中，而且只有关系能够用来解释一切。［比如埃米贝尔（Emirbayer），1997］还有在组织社会学中的新制度主义倾向，在这种解释体系中虽然确实有利益的角色，但却是非常微不足道的，而这样的角色也有被忽略掉的倾向。［例如迪马乔（DiMaggio），1998］最后，在当代社会科学中，提到社会关系、社会制度和规范的重要性是十分常见的，唯独它们遗漏了利益。

在这诸多的分析中，利益的定位很具有代表性，要么最终导致一个不必要的同义反复的位置，要么在一个分析体系中，它处于很少有影响或者根本没有影响的地位。而该在何处划定界限就很自然地成为了一个争论不休的同时也是极端重要的问题。比如，在马克思主义中恰恰就是以斗争的形式来解决这一问题的，导致战争的原因被归结为经济利益、政治利益和意识形态。也正如这个例子所显示的，这一问题的答案往往随着卷入利益类型的不同而不同。

注意这最后一点，它以一种很自然的方式引出了需要我们做出的另一种区分，这种区分和一个问题相关：一个作者应该关注一种单一类型的、统一的利益，还是关注许多不同类型的利益？通常情况下，当问题是把一种核心重要性分配给一种单一类型的、统一的利益时，这种利益就是我们正在讨论的经济利益。比如，从大概二十世纪开始，主流经济学就排他性地把利益等同于了经济利益；而且正如我们已经提到的，今天在社会科学中一般也存在着这样的倾向，这种倾向无视几个世纪以来利益形成的丰富传统。相反地，在这后一个传统中，面对大量的不同利益是很常见的，比如精神利益、物质利益、政治利益等。多种利益的假定当然也会带来同义反复的问题，尽管这和之前我们提到的那种反复有某种程度的不同。这个倾向还会带来许多难题，比如在众多利益种类中优先性的问题，以及我们是否能够按照某种秩序给它们排序等。对这些类型的问题尚没有给出一般的答案,而且或许也不可能有答案。虽然如此,这种利益多样性的假定依然清晰可见,它极其显著地增加了分析体系中的灵活性;从分析家的角度来说,这一点要求他们有一种不同种类的分析技巧。

一个相关的区分是关于时间的:一些利益被看作短期的,而其他利益则被看作是长期的。在现代经济学的分析体系中,这个区分有时候通过贴现的理念来处理,也就是说,如果一个人获得了某种单位收益,那么将来其获益总量将会以同样的单位数量减少。但是在处理这一问题上还存在其他的路径,比如托克维尔在《论美国的民主》中所做的,在这点上托克维尔的工作也许更好地反映了这一区分的起源,他以为这本质上是一个宗教问题。简单来说,在基督教中,长期的利益是指死后的生活,而短期的利益则是指现实的生活。(霍尔姆斯,1990:343)托克维尔在《论美国的民主》中的观点是,宗教信仰让美国人意识到了他们真正的或者长期的利益,进而他们的选择是不向短期利益或者分散注意力的利益屈服。[托克维尔,(1835—1840)2000:600—606)] 在这个特殊的例子中(同时这也是选择这个例子的原因),一个人不可能运用贴现的理念，因为我们谈的并不是那些可以缩减为一个公认的度量单位的项目和行为。

在社会科学处理利益的诸多方式中可以发现一个更深层面的区分，这一点和人们觉察到卷入利益的意识水平有关。在这里一些概念比如错觉、意识形态、自欺欺人等十分引人注目，而且这些概念并不容易处理。肢解这些困难的一个捷径是区分哪些分析是经验主义的，哪些分析是规范意义的。在这个语境中，经验主义是指人们的意识水平是能够根据经验来探究的。通常涉及以下的问题：行为者能谈及他们的利益（或者是一些同等意义的术语）吗？还有，他们在多大程度上意识到了他们的利益？也就是说，(1) 这是些什么利益？(2) 这些利益怎样能够实现？(3) 这些利益实现后会有什么后果？规范意义的途径则和这个不同，它的假定是：完全的意识能力是可求的，意识缺乏应该能够克服。比如，在马克思主义中可以找到这种规范意义的途径，在那里一个人意识到自身的阶级利益是一个主要的问题；而在弗洛伊德那里，主要关注的是一个人"性利益"的凸显问题。

最后我要谈到的一个区分是假定利益是给定的，或者利益是社会型构好的。正如我们刚刚谈到的弗洛伊德，在他那里生理利益很明显是属于给定利益的范畴。而在某种程度上，主流经济学分析体系中的利益也是如此，原因就在于这一类型的分析基于此等假设来进行：在这里偏好或者某种利益的优先性是已经给定的。与之相似的是，社会型构的利益一方面，包含这样的情形，在那里某些利益是以集体的形式创造出来的，因此对个人来说看起来像是给定的；另一方面，还有一些情形，在那里个人可以建构他们自己的利益，或多或少这在他们看起来是合适的。比如，一个个人可以选择加入某个宗教团体，但是通常他却不可能创造一个宗教。

## 利益这一概念的历史，也即利益诸多丰富的传统

现存专门以利益这一概念的历史为主题的著作只有很少的数量，尤以简短条目的形式出现在百科全书或者辞典中的情形极具代表性。而当我们读到这些东西的时候，第一反应常常是困惑，因为这些文字向我们展示了利益大量的使用路径和定义，由于缺乏必要的连续性，这些文字显得支离破碎。在有限的页码

中，呈现给读者的是一幅关于政治的、经济的以及哲学的利益视角上的拼图。总的来说，这种感受对读者而言是很不满意的，而其中的原因有以下两点：没有给出一个简单易懂的、适用的利益概念；这些说明尤其以一种十分老套的、观念史的类型出现。

一个确定无疑的事实是，在现存的有关利益概念的文献中，找不到一个单一的、有用的、能够容易操作的利益概念。而社会科学中所有的概念都有一种看起来有点像云彩的倾向，从远处看像固体，而一旦走近，它们就蒸发得无影无踪了。而当涉及利益的概念时，这种倾向显得尤其强烈。

正如我谈到的，造成这种现象的原因有几项事实：利益这一概念已被使用了很多世纪，它曾经被用在许多不同的语境以及大量不同的学科之中。这一点又把我们带回到了我们曾经谈到过的、把利益当成一种新范式（赫什曼）的讨论，也就是说，利益这个概念有一种像伞一样的特性，它可以覆盖许多不同的理论以及研究进路。然而这一点也决不能减少我们对一个确切的利益定义的需要，相反在这特殊的一章里，我要指出它积极的一面，也就是说，利益这一概念有大量的使用路径，而其中的许多路径今天仍然是很有益的。简而言之，在探索利益确切的定义之前，先来探究一下它丰富的传统是很有用的；而正是在这种精神的感召之下，我认为，我们走近了利益这一概念的历史。

对于标准的利益概念的历史来说，其第二个缺陷是这些历史以一种非常老套的观念史类型的观点写就的。这意味着这些历史基本上把自身局限在仅仅是记载西方思想史中不同的关键人物在这个主题上的不同言论，这些不同的见解相继出现，除了某个作者做出了独特的观点之外，它们之间没有足够的关联。

简单地说，从这类文献中普遍丢失的是一个本质上更社会化的路径，这是某种和社会学或者历史语义学①相关的路径，抑或这是一种甚至和福柯的观点相关的途径？在福柯那里，他把思想史看作一种语境，在这个语境中，人们开始使用一些术语或者概念（比如福柯，2001）。虽然今天确定利益这一概念的日常用法也许是不可能的，尤其当这已经是一个过去很长

---

① 语义学（Semantics）是语言学的一个分支，它研究语言、语言符号和符号顺序的含义，亦即词汇、语句和文章的含义。换言之，它探讨的是语言表述形式的意义和内涵。历史语义学探索的是以往不同社会中含义之生成的条件、媒介和手段，它深究各种文化用以表达自己的知识、情感和观念的含义网络的先决条件。

时间的问题时,但这仍将是这类著作一个主要的目标。基于此,针对以下的问题我们还得给予特别认真的关注:有哪些不同的知识分子团体;利益这一概念是如何从一种形式转换成另一种形式的,以及特别地,在这一过程中(利益)丢失了哪些意义,增添了哪些意义。

虽然我希望有关研究这一类型文献的著作将来会出现,但是同时我们又不得不利用现存的文献。到现在为止有关利益这一概念历史的最好著作是阿尔伯特·赫什曼的《利益的概念:从委婉到反复》,以及斯蒂芬·霍尔姆斯的《自利秘史》(赫什曼,1986;霍尔姆斯,1990)。如果我们还要把非英语的文献也包含进来,那么就需要特别地关注一本德国百科全书中有关利益的条目,这就是《历史基本概念——德国政治社会语言历史辞典》①。(奥尔特以及其他人,1982;还可以参看胡博,1958;诺伊恩道夫,1973)而现在也有一些很有价值的研究利益这一概念历史的文章,比如阿尔伯特·赫什曼写的《激情与利益》

---

① 原文是德语 *Geschichtliche Grundbegriffe*,即《历史基本概念》,这部八卷本的德国百科全书,总页码超过了9000页,是"概念史"的奠基之作,其副标题是 *Historisches Lexikon Zur Politisch-Sozialen Sprache in Deutschland*,即德国政治社会语言历史辞典。在这里把这部著作全名译出。

以及冈恩（J. A. W. Gunn）写的《十七世纪的政治学和公共利益》。(赫什曼，1977；冈恩，1969。也可以参看比如海尔伯恩，1998)

在这一章剩余的部分中，基于刚才提到的这些文献，我首先要对利益这一概念的历史做一个简单的介绍，然后我将对利益的不同观点展开讨论，我选择的这些观点来自这几位著名的作者：拉罗什福科、亚当·斯密以及大卫·休谟等。我继续这样做，总的考虑是让读者意识到利益这一概念诸多传统的丰富内涵，进而知晓利益的那些曾经被使用过的、极具创造力的路径。我还要显示当使用利益这个概念时，人们是怎样给出单一的实例的，进而通过这样一个近距离的、仔细而又彻底的考查，提出一些观点和假设。

在《牛津英语大辞典》中的"利益"条目下是这样说的："在这个词语［即，利益］的历史上，有着许多模糊性的理解。"(《牛津英语大辞典》，1989：1099) 然而，几乎所有看到这个术语的学生都会同意的是，"interest"来自拉丁语 inter-（相当于英语的"inter-"表示"互相、在……之间"等意思）和 esse（相当于英语的"to be"表示"存在、成为"等意思）；而它的含义则是和其他一切事物"有关联"又有

"很大的差别"。为了避免误解，需要说明的是，在这里我们讨论的是利益这个"单词"，而不是利益的"观念"。如果在我们对利益这一概念的说明里再加上利己主义的含义，我们就必须从更早的起点出发，比如就需要把希腊哲学包括进来。（比如罗杰斯，1997）

在中世纪晚期，可以在罗马法思想以及当时的经济论述中找到利益的概念，当时它的含义是借贷后的利率。这个后来的含义和拉丁语中最初的意义之间有着直接的联系，正如弗兰克·奈特（Frank Knight）清晰地观察到的一样，"利益的这个现代的说法（借贷利息）来自罗马法，它用以表达一种未能及时还款而必须要给付的补偿金，其中的一个主要的形式就是对贷款的补偿，而这种补偿是被宗教和民事法庭所允许的。"（奈特，1932：131）这里还要指出，利益这种后来的含义被刻画为对高利贷的一种委婉的表达，同时利益概念的这种委婉的用法也被用在了几种别的不同语境之中。

这其中的一个语境就是政治学；在十七世纪的文献以及日常用语中，利益这一概念成了政治表达的一部分。它主要被用以描述一个统治者应该如何作为，并被用来分析该统治者的行为，以及理解他真实的目的。"利益不会撒谎"这句话成了十七世纪英国的一句流行政治话语,这个观点不仅可以被看作是对统治者应该如何作为的注解(发现你的利益,并追随这些利益),还被当作理解某个人行为的关键(如果你了解了某个人的利益,你也就知道了他们将如何作为)。利益的这种政治含义也是一个带有委婉意义的术语,因为在某种语境中它往往把统治者残忍的行径抛在一边,而把理性和智慧赋予某些联合体。在《君主论》中马基雅维里就没有使用"利益"这个语词,但是人们认为,当马基雅维利建议统治者为了实现自己的真正目的和利益应该把惯常的道德观念一脚踢开时,其实他已经抓住了利益的本质精神。

冈恩,这位在利益概念历史研究上的一位主要的权威指出,在十七世纪的英国人们也已经开始提及一些不同种类的利益了。在那时利益可以是"法律的"、"土地的"以及"金钱的",等等。在《十七世纪的政治学和公共利益》一书中,冈恩吸收了利益大量不同的渊源,这里面包含大量的政治小册子,他还努力拓宽了利益概念历史研究的经验基础,这一点就是那些著名作者的大作也难以企及。

在《激情与利益》这本优秀的思想史传统研究的

著作中，而在某种程度上这本书也属于那种老式的研究，阿尔伯特·赫什曼指出，在十七世纪利益的政治概念也以一种不委婉与不愤世嫉俗的方式被使用。在这里一个最重要的例子是他引用了一位胡格诺派政治家的一本著作：洛汉公爵（the Duke of Rohan）的《国王的利益和基督教国家研究》（1638），这本书在欧洲的许多世纪都很有影响力。洛汉公爵的主要观点是利益可以玩转激情，它不仅能够驱使一个统治者着眼于人民长期的福利，也可以让一个统治者颠覆自己的国家。利益，正如他觉察到的，主要意味着一种会算计的、方法论意义上的精神，这一点和激情本质上的那种冲动和破坏性形成了鲜明的对比。

在赫什曼看来，像孟德斯鸠和詹姆斯·斯图亚特爵士这样的思想家也有这样的观点，人们也可以把利益的概念运用到"经济事务"中去，这一点对于政治激情来说是一个平衡。为了彼此之间进行贸易，根据著名的"轻度贸易"①论，需要在人们之间引入一种平静而又适中的贸易精神。或者用詹姆斯·斯图亚

---

① 原文是"doux commerce"，是法语用法。这个术语是赫什曼1982年首先采用的，这是一个植根于孟德斯鸠时代的用法，它是指在交易中的理性行为可以把一个人变成绅士，不管他的动机如何相反，他都能够自动地遵守游戏规则，表现得诚实可信。

特爵士的话来说就是:"因此,现代经济体系是迄今为止所发明的最为有效的限制专制这匹烈马的缰绳。"(赫什曼,1977:85)在《论法的精神》(1748)里孟德斯鸠也表达了相似的观点:

> 随着商业精神而来的,是一种俭朴的精神、节约的精神、节制的精神、职业的精神、智慧的精神、宁静的精神、秩序的精神,以及规则的精神。照这样看来,只要社会中盛行这样的商业精神,它所创造的那些财富就不会有任何不好的影响。(孟德斯鸠,1989:71)

在十七世纪法国的伦理学派中,以及在十八世纪的苏格兰启蒙运动中,利益这一概念也扮演了一个重要的角色。在这两个派系中,利益被看作人类本性的一部分。比如那些拉罗什福科的很多著名格言,都围绕着利益来展开。他的《道德箴言录》(1665)就是以下面的文字开篇的:"那些被我们当作德行的,常常只不过是在许多利益驱使下,从大量不同的行为中抽取出来的标本性行为,或者我们的勤奋知道该如何排列这些不同的行为;而且我们常常也不能仅仅通过

勇猛和贞洁的外表,就一口断定男人是勇猛的,而女人是贞洁的。"(拉罗什福科,2001:3)

在苏格兰启蒙运动中,两位最重要的、从利益的观点观察问题的人物是大卫·休谟和亚当·斯密。在前者的《人性论》中,利益在从正义到政治的诸多主题的讨论中都扮演着一个关键的角色。通过休谟我们还知道了这句著名的论断:"大部分的人都受到利益的支配,这一点是确定无疑的。"(休谟,1978:534)而在《国富论》(1776)中,当讨论到"看不见的手"时,亚当·斯密无时不在关注利益,他论述了面包师、啤酒制造商甚至屠夫如何在追逐自己私利的过程中,增进了社会利益。

正如利益的概念在十七世纪被拓展运用到政治学领域一样,在十八和十九世纪这个概念被运用到了经济学领域。照马塞尔·莫斯[①]看来,"个人(经济)利益"

---

[①] 马赛尔·莫斯(Marcel Mauss,1872—1950),法国社会学家、民族学家,涂尔干的学术继承人。曾在巴黎大学和波尔多大学学习哲学。1898年涂尔干创办《社会学年鉴》,莫斯负责该刊物宗教方面的研究与编辑。他曾对宗教实践发生兴趣,以后转向比较社会人类学的研究,被尊为法国实地民族学派的创始人。1925年创办巴黎大学民族学研究所。1931—1939年在法兰西学院任教。主要论著有:《早期的几种分类形式:对于集体表象的研究》(1903)、《关于爱斯基摩社会季节性变化的研究》(1910)、《关于原始交换形式——赠予的研究》(1925)等。

的观念对于西方世界是独一无二的。[莫斯，（1925）1990：76]而这一发展是如何产生的，我们可以引用功利主义来举例说明。在《行为的动力》（1817）中，杰里米·边沁提出了包括"金钱利益"在内的大量不同种类的利益，并且他还论述了这些利益是如何以一种积极或者消极的方式影响人类的。相似地，约翰·斯图亚特·密尔在他的分析中，也吸收了大量不同的利益种类，甚至"经济人"的概念最早的描述就是出自他的笔端。最后，还有卡尔·马克思，他引入了阶级利益的概念。

当现代（新古典）经济学在大约二十世纪诞生以后，一个被普遍接受的事实是，利益这一概念开始失去了它的灵活性，从而被削减为只有一种单一层面的利益含义：经济利益。这种利益的分析过程借助于公认的计量单位，被等同于严格意义上的自利。二十世纪以来，"利益"这个术语开始被一个更具有中立性意味的术语"效用"所代替，而"效用"这个术语依次又被后来的"明显的偏好"这一观念所替代。利益，这个对某些思想家来说最初的含义是动机或者"行为动力"的概念，如今在解释人们行为的目的上也只剩下很小的作用了。在过去的几十年里，利益这种经济学意义的观念在其他社会科学中也变得十分普遍了,而经济学家们也开始把它运用到一些非经济学的主题中去,这就使得这一观念具有了某种普适性。今天,照赫什曼看来,(经济)利益的概念被看成可以解释一切事情,因此它应该就具有了同义反复的特征。

## 利益概念在法国伦理学派（拉罗什福科）中的应用

利益这一概念大量的传统使用路径是丰富而又富有启发意义的,在这一部分中,我将借助几位思想家对这种传统进行阐明,而这第一位思想家就是拉罗什福科（1613—1680）以及他的道德箴言。拉罗什福科属于法国伦理学派的一员,这个团体以蒙田为创始人,但它在十七世纪的兴盛却要感谢如帕斯卡尔和拉布吕耶尔[①]等人。这些作家关注的主要问题是道德以

---

[①] La Bruyère：拉布吕耶尔（1645—1696）,法国作家。他写作《品格论》,秘不告人。1688年这部批评世道人心的书初版问世,引起人们广泛的注意。从1688到1696年《品格论》重版九次,每次重版他都增加新材料。第九版出书时,篇幅已经比初版增加了三倍。《品格论》是法国文学史上一部划时代的散文名著,对后世影响甚大。十八世纪孟德斯鸠的《波斯人信札》,在文章体例和散文风格上直接承受了《品格论》的影响。

及它在不同种类的人类行为中的作用,在他们的作品中,利益扮演了一个非常重要的角色,而且这些法国伦理学派的作家和其他十七、十八世纪的法国知识分子们一道分享了他们对利益这一概念的困惑。通过对法国1600—1800这段时期的几百部作品认真的分析,我们发现从十七世纪二十年代开始,在利益这一概念的使用上,这些作品中呈现出了一个急剧上升的趋势,而相应的从十八世纪八十年代开始,也有一个明显下降的趋势。(海尔伯恩,1998:100—101)

有两个原因可以解释为什么那些关心利益概念的社会科学家们会无视一个像拉罗什福科这样的作家,这两个原因都需要清楚地说明。第一个原因和这样一个事实有关:现在他的作品主要被归为文学的范畴,而根据现在的标准来看,文学属于某种不需要社会科学家来注意的东西。比如,社会学家们并不把文学看作是一种观念的来源,同时在某种程度上,文学也不能和他们自己的学科平起平坐。他们这样做的原因是,在实证主义的传统下,他们把自己定位为科学家;他们不是作家,而是科学家。沃尔夫·莱佩尼斯(Wolf Lepenies)和其他一些人指出,对于一个社会科学家来说,文笔太好是危险的(因为她看起来就像是一个作家），但是他们未能指出的是，这不仅仅是一个社会学家"如何"写作的问题，还是一个他们正在写些"什么"的问题。在这一点上，就把今天的文学作家和社会科学家彻底分家了（比如莱佩尼斯，1988）。这意味着现代社会科学家和作家一刀两断了——殊不知，当要涉及不同的人类生存问题以及它们的复杂性和矛盾时，文学作家的野心和抱负往往显得更胜一筹。

今天的社会科学家们忽视拉罗什福科的第二个原因是，他的写作年代是十七世纪，当时距离社会科学的产生还有很长的时间。然而，为了利用这种争论，便忽视了这样的事实：其实早在社会科学诞生之前的很长一段时间里，对人们以及人们之间互相作用和影响的尖锐观察就出现了。比如，卡尔·波普尔在他的《开放社会》中，就探讨了被他称之为"柏拉图的社会学"这样的术语，而这只是众多例子中的一个，也就是说，即使"社会学"这个术语在十九世纪之前还没有产生，但是社会学的思考确实早就有了。（波普尔，1962：35 ff）

拉罗什福科的《道德箴言录》（1665）产生的主要语境是十七世纪法国的詹森主义运动，当时贵族居于统治地位，而詹森主义者却在反对国王。（比如海尔伯恩，1998）拉罗什福科是一个觉醒的、专制主义的反对者，在频繁出入的文学沙龙里他常常和詹森主义者会面。詹森主义教派属于"反（宗教）改革运动"的一支，他们基于奥古斯丁的理念，构建了一套有世界影响意义的教义，在奥古斯丁那里，天国的生命由上帝的爱统治，人世间的生命被自爱或者利益统治。在现实的世界里，过一种真正的、有德行的生活是不可能的，这就意味着在谦卑的背后，常常是傲慢、罪恶以及自爱和利益（自负、虚荣）的其他表现形式。

根据对拉罗什福科权威的解释，他的贡献主要是把詹森教派的观点世俗化，进而以自己独特的方式详尽地阐述了这样的观点：自爱或者利益是决定人们行为的根本。他的箴言录以很高的独创性写就，照尼采看来，拉罗什福科是一个"技艺纯熟的射手，他能够一次又一次地射中靶心——人性本质的靶心"。（尼采，1986：32）

正如即将要看到的，拉罗什福科所选择的阐明问题的方式，也使得他的研究是可行的，他考察人类的行为，但又不以牺牲人类行为有时候呈现出来的似是而非又互相矛盾的特征为代价。在权威的第五版《道德箴言录》的前言里,他还指出他正涉及不同种类的利益:"利益这个词汇常常并不意味着一种单纯和物质相关的利益,反而它经常意味着某种和光荣或者荣誉相关的利益。"(拉罗什福科,2001:2)

下面的这句话被看作是拉罗什福科最美的一句箴言:"德行在自利中消失,正如河流在大海中消失一样"(拉罗什福科,2001:33)。在这句箴言的前半句中,德行和自利之间的那条明显的界线被抹去了,这就暗示我们德行其实就是,或者它会变成某种和自身所渴求的、完全相反的东西。在这句话的后半句里,读者面临的是一个隐喻(河流消失在大海之中),这个隐喻增强了前半句包含的思想,并增加了其他的含义。现在我们可以认为,德行其实和自利是相同的(它们都是由水组成的),而和自利的作用相比,德行的作用要小得多(正如和大海比起来,河流要小得多一样)。

另外的一句有名的箴言是:"自利被控告为导引了我们所有的罪行;然而基于我们的善行,自利常常又应该得到我们应有的赞誉。"(拉罗什福科,2001:60)在这句话的前半句中,作者反对了这样一种一般的倾向：人们的消极行为都是由于自利引起的，所以自利经常被挑出来接受刻薄的批评。实际上，事情并非如此。所有的恶行并不一定是由于自利引起的，而一些善行也可能来自于自利。简单地讲，善和恶，这二者都是由于自利引起的。

自利的这种自相矛盾又似是而非的特性在拉罗什福科的另一句箴言里也得到了体现："自利，可以蒙蔽一些人，也可以给其他人带来启迪。"（拉罗什福科，2001：10）比如，一个人如果贪婪，就有可能再也看不到他真正想要什么。但是，利益也可以使一个人更加认真和专注，因此为了完成某项任务，利益能够凝聚起一个人的智慧和动力。这样看来，自利能够促使一个人实现他的目的。

最后，拉罗什福科以下面的这句箴言总结了他关于利益的一些理念："自利能表达所有的语言，能扮演各种各样的角色，即使针对那种公正无私的行为。"（拉罗什福科，2001：10）这句箴言主要告诉读者的是，要有怀疑的态度，不能轻易地认同那些正在讨论的、表面上看起来有价值的东西，这句箴言可以运用到友谊、政治以及商业交易等许多其他的语境中去。在一切正常的谈话中，在所有的格言中,你都将能够找到某种利益的存在。这句箴言也适用于这样的情形,当一个人明确地否认了利益的卷入,而把整个事态呈现出是一种无私的范例时,也就是说,他把事情的结局归结为是慷慨、爱、客观性等的结果。

## 利益在苏格兰启蒙运动中的应用(大卫·休谟,亚当·斯密)

从拉罗什福科迈向大卫·休谟(1711—1776),这样的步伐初看起来好像有点大,但是法国和苏格兰是传统的盟国,所以苏格兰的精英们对法国的文化是很熟悉的。这一事实经常被引用,它常常被当作苏格兰启蒙运动(1740—1790)为什么首先会形成的一个原因。在这一运动中,现代化的苏格兰低地贵族和城市中正在成长的中产阶级之间形成了结盟,这个新的团体构成了这一运动的社会基础。在苏格兰启蒙运动的发展中,另外一个重要的因素是《1707年联合法案》,通过这一法案,苏格兰和英格兰合并在了一起。这一法案的实施,使得新的、生机勃勃而又真实的现代资本主义一下子就出现在了苏格兰人面前,这逼迫他们必须采取措施来应对。苏格兰启蒙运动首先对历史、经济学以及哲学做出了根本的贡献，继而它还奠定了社会科学广泛的基础，这其中就包括社会学。

大卫·休谟通过他的经验主义、怀疑主义以及他对所有迷信形式的反对，具体表达了苏格兰启蒙运动的精神。他论述道，对哲学而言唯一的坚实基础是人类自身，他把自己的哲学描述成一种关于"人的科学"。（休谟，1978：xv）他认为解释人类行为的是他们的理性和激情，而休谟自己的观点可以被描述成为在进步的自利观念的形式之下，这二者的一个适当的平衡。人们彼此之间互相作用、互相影响，他们的价值观和利益植根于公共舆论。利益，在休谟看来，是"完全被舆论支配的"，或者转译成当代社会学的语言就是说，利益是一个社会建构物。（休谟，1978：51）

正如已经指出的那样，在休谟解释人类行为动力的观点中，利益属于一个核心的范畴："大部分的人都受到利益的支配，这一点是确定无疑的。"（休谟，1978：534）休谟还把正义看作是以利益为基础的，这是一个在利益的历史中有重大革新意义的观点。根据《人性论》（休谟，1978：490—501）中的观点，直接把理性当作正义的基础是徒劳的。他还指出，人们彼此之间的仁爱或者慷慨，这二者在承载正义的重担时，都还显得太脆弱了。而要是相信单纯依靠自利就会导致正义，也是一个幻想，因为如果所有的个人都仅仅追求他们自己的私利，那结局将会是混乱不堪。休谟论辩道，正义必须以自利为基础，但是这是以阻止自利释放出它的破坏性潜质的方式来实现的。

这一点怎样才能实现呢？休谟的方法是用自利自身来控制或者反对自利："因此，没有一种情感能够控制利己的感情，只有那种感情自身，通过改变它的方向，才能加以控制。"（休谟，1978：492）如果每个人都能够意识到，别人所尊重的利益恰恰就是他自身的利益，反之亦然，那么休谟的这个方法就是能够实现的。通过使用所有权的实例，休谟得出了这一论断，因为他把正义和财产看成是紧密联系在一起的。"我观察到，让别人占有他的财物，对我是有利的，假如他也同样地对待我。"（休谟，1978：490）休谟补充道，一旦正义以这种利益平衡的类型被引介进来，一种道德感就会最终得以形成，这种道德感不仅能够反映也能够巩固这种情形。

利益的概念在休谟的政府理论中也扮演着一个关键的角色。政府的一项主要任务是确保正义；而正义也不能留给人们自行处理，因为这样会导致无政府状态。必须有"一个对正义规则普遍的、固定的遵守"，而如果正义的执行分配给了政府，这才是事情的关键所在。（休谟，1978：534）休谟说，正义的执行也应该以利益为基础，而这一点是能够实现的，"只要在正义的执行中，使遵守正义成为某些特定的人的直接利益"（休谟，1978：537）。虽然政府对于有效地管理所有权和财产权是必要的，但是仍然存在着一些其他的场合，在那里个人的利益会压倒总体的利益。作为这方面的实例，休谟提到了桥梁的建筑、海港的开辟以及军队的组织。

正如一个人期望的那样，休谟指出存在着一种"猛烈的情感"，这种情感被休谟当作一个原因，来解释为什么在很多情形中人们不能看到总体利益。（休谟，1978：538）他还花费了相当可观的时间来讨论另外的一个原因，他指出人们有一种天生的倾向，认同直接的利益而忽略那些更加辽远的利益。休谟说，人们"直接的利益"和他们"辽远的利

益"不同,而他又补充说,后者才是人们真实的或者说是"公认的利益"。(休谟,1978:535,545)

政治权力或者政府应该按照什么样的方式来构建,在这个问题上,休谟也把利益归结为了一个重要的原因,在这里他使自己的观点离开了这个论断:"每个人都应该被假想为一个骗子或者流氓,在他所有的行为中除了私利,别无他图。"(休谟,1978:42)在休谟看来,人们在公共或者政治生活中,往往比在私人生活中更加不诚实,所以在政治生活中这一点必须考虑进去,否则结果将是个人单独的利益盛行于世。休谟论述道,解决这一问题的途径可以从这个观点中找到,即自利不但是在公共生活中驱使人们行为的主要力量,而且"通过这种利益,我们〔也〕一定能够支配它"(休谟,1978:42)。这一点通过分权,或者用休谟自己的术语,通过"制约和宪法的控制"(休谟,1978:42),是能够做到的。换句话说,在这里我们发现的是一个对分权理论的辩护,而这个辩护吸收了利益的语言和意象。

在论述正义的过程中,休谟指出最终道德将跟随利益,以增加它们对个人的影响;相似地,他还论述到政府的一个特征是它不但以"利益"为基础,而且还以"权利"为基础,或者我们还可以称之为合法化(休谟,1978:33)。根据斯蒂芬·霍尔姆斯在《自利秘史》中的观点,在使用自利的过程中,为了避免同义反复现象的出现,休谟显得极端谨慎,除了涉及自利之外,他还经常强调一些别的其他因素。在休谟看来,这些别的因素是指"令人不愉快的热情、恐惧、愤怒、沮丧、悲伤、忧郁、焦虑等等"(霍尔姆斯,1990:270)。

为了说明其中的某些情形,休谟还引入了"假想利益"的观念,他指出,如果"不考虑任何利益的话,将盛行复仇"(休谟,1978:63;1966:301)。在他著名的论述派系斗争的文章里,或者在他那些论述特殊利益胜过一般利益的文章里,休谟还指出,由于很小的原因或者没有任何原因,人们都可能会对别人极端地残酷,甚至会杀死他们。(休谟,1978:54—63)霍尔姆斯总结了休谟以一种非同义反复的方式使用利益概念的情形,他这样总结道:人们的行为不但被利益而且还被别的动机所驱使,这两种类型的因素在本质上可以分为可以计算的以及不能计算的(参见表1.1)。

**表 1.1　斯蒂芬·霍尔姆斯对大卫·休谟使用利益概念的总结**

|  | 利益 | 其他动机 |
|---|---|---|
| 可以计算的 | 1 | 2 |
| 不能计算的 | 3 | 4 |

注：斯蒂芬·霍尔姆斯论述道，休谟总是非常谨慎地表明，在解释人类的行为上，不但是利益而且其他别的动机也必须发挥作用，否则分析的过程将会变成不必要的同义反复。这个表格，阿尔伯特·赫什曼认为霍尔姆斯用它很好地阐明了，休谟在自己的分析过程中如何避免同义反复的出现，并且还避免了使自己的解释以一个简单的、二分法的面貌出现。

来源：斯蒂芬·霍尔姆斯（1990：538，n.12）

通过苏格兰启蒙运动，在经济学的分析中，利益这一概念也被给予了一个中心的地位，正如它在社会中被构想出自己的界限或者范围一样。在这里主要的代表人物就是亚当·斯密，他的《国富论》（1776）被认为是现代经济学的第一本巨著。然而，赋予斯密第一个现代经济学家的头衔，就可以容易地把他以及他的著作更多地放进当代的范畴之中。《国富论》来自于亚当·斯密在格拉斯哥做道德哲学教席时的讲稿，《道德情操论》也是如此。越来越多的人意识到，亚当·斯密主要关注的不仅仅是奠定现代经济学的基础，他还更在意在商业社会中找寻到德行的位置，他的这些努力还在他使用利益这一概念的过程中得到了体现。[比如特赖布（Tribe），1999] 斯密和

# 第一章 利益及其传统

其他别的苏格兰启蒙中的人物一样,首先,同时也是最重要的,把自己看作是一个道德哲学家。

我们在《国富论》中读到,为了实现经济的本性,人类必须分工合作。原则上这种分工可以通过两种方式来实现:通过依赖别人的恩惠,以及通过某种方式刺激别人的"利己心"或者"利益",以诱导他们来分工。然而,在斯密看来,别人的恩惠并不太可行,因为只有乞丐才能完全依赖于这种方式。实际上即使乞丐也不能在所有的时间都依赖恩惠,因为他们也使用金钱。在这里引用《国富论》中我们最为熟知的一段话:

> 但人类几乎随时随地都需要同胞的协助,要想仅仅依赖他人的恩惠,那是一定不行的。他如果能够刺激他们的利己心,使有利于他,他要达到目的就容易得多了……我们每天所需要的食物和饮料,不是出自屠户、酿酒家或者烙面师的恩惠,而是出自他们自利的打算。(斯密,1776:26—27)

根据《国富论》的观点,人们可以通过三种不同的方式来诉诸别人的利益。要么你从别人那里购买东西("购买");要么你可以和别人交换东西("交换");要么你可以与他人达成一个契约("契约")。(斯密,1776:27)斯密论述道,这三种诉诸他人利益的方式都来自于人类的本性,然而,"这种和别人交换、交易某种东西的倾向"在动物中是找不到的。(斯密,1776:25)

也正是这种倾向驱使了劳动的分工,而且斯密坚定地确信,正是这种劳动的分工可以说明一个国家的财富。在这种意义上,劳动分工对人类是非常有益的,然而,这种分工也有其破坏性,因为它会对某些人群产生消极的影响。工厂里的工人尤其如此,工厂里先进的分工使得他们难以忍受,因为这使得他们"每一个人都有可能变得愚蠢和无知"(斯密,1776:782)。斯密说道,为了克服这些被利益驱使的行为的消极作用,政府必须采取措施。

《国富论》中包含一个著名的对重商主义的批评,在这个过程中利益的概念再次扮演了一个重要的角色。不同的群体有着不同的经济利益,而在重商主义中,相对于"家庭消费者的利益","生产者的利益"被赋予了优先的地位。(斯密,1776:660)实际上,重商主义就是以生产者利益的结果而形成的,因为商人和制造商是它"基本的建筑师"(斯密,1776:661)。按照斯密的意味,重商主义还暗示需要一种过度的、干涉主义的政府,在此他引用了一句谚语:一旦一个木棍向一个方向被弄弯曲了,为了弄直它,你必须把它向另外的方向弯曲。这就意味着,为了克服一些群体被赋予的特权,必须对其他群体实施补偿,等等。

和重商主义所刻画的那种被高度管制的生活相反,斯密要社会建立在一种"自然自由的秩序"(斯密,1776:687)基础之上。他用下面的语言描述了在这种秩序下,个人行为的基本规则:"任何一个人,只要他不违反正义的法律,都应听其完全自由,让他采用自己的方法,追求自己的利益,以其劳动和资本与任何其他人或其他阶级相竞争。"(斯密,1776:687)在这里,政府将必须放弃那种在重商主义中所提倡的干预主义的权力,从而把自己的任务仅仅局限在以下这些:维持法律和秩序;保卫国家;保障最低程度的教育以及基础设施("统治者的三项义务")。(斯密,1776:687)

《国富论》中还包含着一个把利益用作是一种激

励的分析过程。在斯密看来,"正是由于利益,每个人才能够无拘无束地生活";这就意味着,如果一个人没有承担某些困难的任务,却被给予了只有承担同样的困难任务才应该被给予的报酬,那么这个人将会选择不作为。(斯密,1776:760)比如像在大学这样的环境中,经常会有这样的交易产生效果,人们将会允许其他人无视他们的义务,如果其他人也让他们那样做的话。亚当·斯密还把他的这种利益被作为激励的理论,运用到了神职人员的范畴。但是,他论述道,在这里的关注点并不是和那种可以转换为薪俸的任务相关——否则结果将是一个过度热心的教士出现。

如果不提到斯密"看不见的手"的观点,那么我们对他的利益观点的说明就是不完备的,所以在这个主题上需要说几句。我之所以没有过早地强调这个观点的原因是,"看不见的手"的观点,在斯密的著作中只扮演了一个非常小的角色,而后人却把它提高到了《国富论》主要论题的地位。实际上,这种"看不见的手"的表述,只在他的著作里出现了一次,而且它距离正文的意义是很远的。(斯密,1776:456)首先,这个隐喻被用来传达这样的观念,虽然每个人只追求他自己的利益,但在这个过程中他实际上同时促进了社会总的利益:"在这场合,像在其他许多场合一样,他受着一只看不见的手的指导,去尽力达到一个并非他本意要达到的目的。"(斯密,1776:456)但是,斯密利用这个机会还论述道,那些有意识地要促进社会利益的人,往往不如他们在只追求自己的个人利益时,更能促进社会的利益。"我从来没有听说过,那些假装为公众幸福而经营贸易的人做了多少好事。"(斯密,1776:456)

## 功利主义者(边沁,密尔)对利益的使用

功利主义中的两个核心的观点是,某个行为的道德评价直接地和它的结果(效用)相关,以及被认为是善的通常植根于"快乐",正如被认为是恶的,植根于"痛苦"一样。利益的概念经常被功利主义者使用,在这种思想和利益的传统之间,一个人可以清晰地说出它们之间明显的密切联系。比如,这两者都有一种倾向,要把复杂的现实简化成为其他基本的术语,这两者还都深刻地怀疑正式的道德观和实在

观。虽然利益的概念和效用的概念在边沁与密尔的著作中绝不是等同的，但是在十九世纪晚期的经济学中，它们是非常相近的，并最终变成等同的了。

正如我们马上就要详细说明的那样，这两位功利主义中的主要提倡者——杰里米·边沁和和约翰·斯图亚特·密尔，以利益的观点开展思考，并经常使用这一术语。在他们的著作中，针对利益这一概念，能够发现一些充满新意和新颖的使用途径，在他们的分析体系中，从他们使用利益的路径里，我们也可以学到很多东西。正如在拉罗什福科、休谟以及斯密那里所显示的那样，在功利主义者的著作中还出现了一个开端，在这里社会的或者社会学的分析和利益的概念紧密地联系在了一起。对边沁来说，这一点他主要是通过法律或者法律推理的语言来表达的，而密尔则把他的观点放在"道德科学"的形式下，进而论述了这些观点如何与自然科学（"严密的科学"）不同。

雷蒙·布东（Raymond Boudon）和弗朗科伊斯·布里科（Francois Bourricaud）在他们的一篇文章中指出，功利主义不仅仅是一个哲学学说，而且它还包含着"一个在社会秩序和社会变革之中的，针对利益角色的深刻思考"（布东和布里科，1989：419）。然而，一旦这样说了，我们还应该弄清楚的是，在利益概念的历史中，功利主义的重要性在于，它开创了利益概念的现代转向，即把利益简化为经济利益，并以一种彻底反社会（以自我为中心）的形式来观察这一概念。

相比较约翰·斯图亚特·密尔，边沁的功利主义观点显得更加激进并且始终如一，因为他毫无例外地始终坚持这样的观点，即所有的一切都可以简化为快乐和痛苦。当要谈到他对利益概念的使用时，这种激进主义在边沁早期的著作中被转译成了一种信条，即人们主要是被利己主义或者自利所驱使。比如在《道德和立法原理》一书中就有这样的语句："我们可以发现，唯有他自身的利益才是一个人在所有的时间、所有的场合的合适的动机，这一点是确定无疑的。"（边沁，1743：313）

但是，一旦领会了人们基本上是被他们所认为的利益所驱使的，边沁还指出人们将会经常地把"别人的快乐"考虑在内。（边沁，1743：313）在这里他的意思是恩惠、行为者对他们名声的关注以及他们对友谊的追求等情形。简单地说，在《道德和立法原理》中，边沁是以一种非同义反复的方式在使用利益的，因为从他自己的观点来看，除了利益，行为还受到其他因素的引导。然而，他并没有详细地说明被利益驱使的意思，基本上他是在一般意义上使用这一术语的。

在边沁后期的著作中，这种分析事物的途径经历了一个变化，在那里我们不仅发现了很多的利益，而且我们还发现，边沁开始倾向于用一种明显的、同义反复的方式在使用利益。这种倾向在边沁的那篇名为《行为的动力》的文章中得到了非常清晰的体现，在这篇文章里为了说明在人类事物中是什么利益以及它们扮演了什么角色，边沁付出了极其专注的努力。这里基本的观点是，导引人们行为的是（即"行为的动力"）"快乐"和"痛苦"以及和它们相对应的"利益"或者"动机"。在这篇文章中我们找不到任何微妙的论述，在这里我们读到："据说一个人在任何问题中都会有一个利益，在这个范围内，问题对他来说或多或少有可能会是快乐或者解脱的一个来源。"（边沁，1843：207）

在《行为的动力》中，边沁列举了十四种不同种类的行为动力，以及与此相应的十四种不同的利益。边沁的某些利益类型是非常普通的，比如"性别利益"、信仰利益("圣坛利益")以及经济利益("金钱利益")。而其他的利益类型就更有创新意义了,比如"心的利益"以及"望远镜利益(the interests of spying-glass)"。前者是指人们对个人、政治共同体以及作为一个整体的人类的感情。"望远镜利益"则是指人们当日在大脑中记住的一系列有趣的现象。边沁认为,这种现象具有以下的特征:"(1)奇特性;(2)好奇性;(3)充满新意;(4)喜欢被检验;(5)信息量大。"(边沁,1843:199)

虽然边沁在《道德和立法原理》中倾向于把利益等同于一个无差别的自利概念是对的,而这种做法在《行为的动力》中又被一个更加精巧的论述所代替,还可以看出的是这一变化已经导致了一个同义反复的方法出现。比如,这种变化出现在边沁讨论无私的时候,在那里他说无私的行为是不可能的。"关于利益,它最常见的引申意义——这个引申义是原初的并且是严格意义上唯一正确的含义——无私,然而人类的行为从来不是或者从来不可能是无私的。"(边沁,1843:211—212)

约翰·斯图亚特·密尔以他努力从边沁的思想中去除掉那种赤裸裸的享乐主义而著名,他尊重效用中心论、快乐——痛苦原理以及最大幸福的原理（即人们行为的目的应该是最大多数人的最大幸福）。我们可以在《论自由》中找到一个著名的例子，在这里密尔努力弱化了边沁的路径，并且把某种唯心主义引了进来，这里的陈述是很有名的："在所有的伦理问题上，我把效用看作是最终的动力；效用必须具有最广泛的意义，而人作为一个进步的存在，效用就建立在人永久的利益基础之上。"（密尔，1961：264）这个观点也指向了密尔使用"利益"这个术语的另一个倾向，也就是说，他在利益的几个新的用法中，创造性地扩充了它的含义。在这些新的用法中，密尔在其经济学文献中使用的经济利益概念占有着一个非常特殊的位置，因此值得给以特别的关注。

然而，在转到这个主题之前，或许应该先指出虽然密尔在他的思想体系中给自利分配了一个重要的位置，但是他也对它提出了疑问和批评。在密尔看来，存在着"合法的"自利以及"非法的"自利；他还高兴地指出："所有自私的利益一定是被死亡终结的。"（密尔，1961：354—355；霍尔姆斯，1990：344）比如，在利益的使用上，他拒绝一种同义反复的立场，这一点可以清楚地从他的论述中看出来，他以为统治者的行为不能仅仅通过他们的利益来解释，还必须要把他们的责任感、对待传统的态度以及慈善心都考虑进去。

另外，在这里我们能够发现密尔对这一概念的使用富有创造性，即在他的思想中存在着许多不同种类的利益。作为一个实例，我们可以引用发生在1867年议会中的一场辩论，在那里针对男人和女人利益的问题，密尔进行了一番辩论。在这里读者还要注意，密尔观察到，在某些场合下一个团体中的人们或许可以代表另一个团体的利益：

> 所有女性的利益都是安全的，因为她们都把自己托付给了她们的父亲、丈夫以及兄弟。这些人和她们有着相同的利益，相比他们的行为，他们做得更好的是，他们不但知道对于女性什么是善的，而且他们对女性的关心远远超越了对自己的关心。先生，确切地说，这就是通常说的未被提出的阶层。比如，就工人来说：难道他们的雇主实际上不能代表他们吗？如果可以正确理解的话，难道雇主和雇员的利益不是相同的吗？……还有，一般来讲，难道雇主和雇员没有一个共同

的利益来反对所有外来的竞争者吗？就像丈夫和妻子有着共同的利益一致对外一样。更有甚者，难道所有的雇主不都是好的、善良的、仁慈的吗？他们热爱自己的工人，总是渴望为他们的福利做得更多。所有这些断言都是正确的，正如相应地针对男人和女人的断言一样中肯。

最后，毋庸置疑的是，密尔在利益概念使用路径上最根本的贡献在现代思想里已经得到了应用，这一点可以在他的经济学中找到。一般地，密尔被当作了"经济人"观念之父来看待，即当我们分析经济现象时，必须做出这样的假定：驱使人们行为的有一个且只有一个动力，即经济利益。

密尔在他的论文《政治经济学的定义及其正确的研究方法》（1836）中，向我们勾勒出了这一进路的轮廓。在这里他指出，为了把政治经济学转变成一门真正的科学，必须做出这样的假定：在经济事务中，驱使人们行为的动力只有一个，那就是"追求财富"，而且"人在本质上是这样的一个存在，他被自己需要的本性所决定，在所有的场合下，他都宁要大额的财富而不选择更少的"。（密尔，1992：137—

139）最后，密尔以下面的文字结束了他的论述："没有任何一个政治经济学家曾经荒唐到做出这样的假定：事实上人类是被型构好的，这仅仅是因为这是科学发展必须经历的方式。"（密尔，1992：139）

## 结　　论

这一章的主要观点已经展示出来了，即在许多不同的思想传统中，利益的概念都扮演了一个重要的角色，而这一点给它贡献了丰富的内涵。把所有这些传统联合在一起的是下面的认识：这些传统（1）使用利益的概念来更深刻地洞察人类的行为；（2）以一种非常灵活的方式在使用利益的概念；（3）把利益的概念应用到了许多十分不同的现象中去。

在最初的几个世纪中，利益这一概念的使用路径允许分析家们透过现象看本质。在其帮助之下，看到表象之外的本质、弄明白那些令人疑惑的现象以及弄明白那些表面上看起来似是而非、自相矛盾的现象，这些都变得是可能的了。正如在这个阶段所显示的，利益这个概念有着某种剃刀的属性，"砍"起问题来，它深刻而又彻底。

在这个时期中，利益这一概念还有着显著的灵活性，毫无疑问这一点给它奉献了声望和普及性。比如，它可以被用来解释那些有意识的以及无意识的动机。而且不仅可以把利益分配给个人，也可以把它分配给团体以及整个国家。而利益还可以是不同种类的，比如宗教的、政治的、经济的、性别的，等等。

最后，在几个世纪里，利益已经被用来分析一系列非常不同的现象了。比如拉罗什福科，他就用利益来认识人们之间的相互作用，并且用它来分析道德行为。相似地，边沁和密尔把利益用做了道德哲学的基础。大卫·休谟以利益为基础给出了一整套正义和政府的理论。而亚当·斯密和约翰·斯图亚特·密尔把利益的概念应用到了经济学领域，这样就奠定了现代经济学的基础。而这最后的成绩则把我们带向了下一章，在那里经济学家以及早期的社会思想家们对利益概念的认识构成了核心的内容。

# 第二章

# 成为一个社会科学概念的利益

在这里重复一下本书第一章的要点,即利益概念有一些丰富的传统可以吸收,而在大约从十六世纪到十九世纪早期的这段时期内,利益被用来解释了许多非常不同的现象。虽然利益概念的这种灵活性可以被看作是它的一个优势,但是同样的事实是,有多少不同的含义已经赋予了利益的概念,这一点是令人感到困惑的。这种感觉有点像读到博尔赫斯的小说一样,在那里读者被告知,根据"某一本百科全书",动物可以被分为以下的类型:

(a)属于皇帝所有的,(b)经过防腐处理的,(c)已经驯服的,(d)乳猪,(e)会尖叫的,(f)传说中的,(g)自由走动的狗,(h)包括在目前分类中的,(i)发疯似的烦躁不安的,(j)难以计数的,(k)用骆驼细毛可画出的,(l)以此类推的,(m)打翻了水瓶的,(n)远观貌似苍蝇的。(博尔赫斯,1964：163)。

即使这一点是真的,即在利益这一概念的研究中,存在着某种极其丰富性的内涵;但是,就其大量的含义以及用法来说,确实存在着一些共同的结构特征。回想一下阿尔伯特·赫什曼讨论过的"利益范式",但是我更愿意以某种不同的方式来表达,也就是说,在西方思想史的体系里,利益有着大量不同的使用路径,然而在利益这一概念诸多的含义中,确实又被赋予了某种一致性和相似性。(赫什曼,1986：46)我将还要论述到的是,也许利益最好被描述为一个用在许多不同的路径和传统中的概念——可以说,是一个横截性的概念(a cross-cutting concept),而不是一个通常库恩意义上的术语——范式。在拉罗什福科、休谟等人的著作里,利益的概念或许扮演了一个

## 第二章 成为一个社会科学概念的利益

重要的角色,但是它绝没有成为一个哲学的根基,或者是一种观察世界的方式。相反地,它在每一个场合下的重要意义都被它在不同思想体系中的位置所决定。

这一章主要观点将是,作为出现在现代社会科学特别是经济学的一部分,利益的概念在十九世纪中期到晚期,经历了怎样一些基本的变化。为了捕捉这些变化,首先重要的是弄明白在这些变化发生之前,利益这一概念有哪些特征,而这就要求我们必须最后一次回过头来,再简单地概括一下在第一章提到的拉罗什福科以及其他学者的思想。我将论述到,这些早期的思想家们都或多或少地把他们关于利益概念的观点统一在了一起,就是说,他们几乎同时都这样来描述利益:(1)一种用来解释主体行为的动力;(2)一种来自主体内部的动力;(3)在存在这种动力本身和当主体意识到它的存在之间,一种被赋予不同重要意义的动力。这些思想家中有一些人还担心,如果每一个体的行为者都根据他们的利益来付诸行动,将会发生什么后果,而一旦真的如此,这样的局势应该如何来处置。

这其中的每一个观点都值得进一步地论述。在这样做之前，或许应该指出这些观点综合在一起就构成了一个有关利益的一般理论。虽然我已经指出，把利益看作一个范式并不是一个好主意，而且我还论述到最好把利益描述成为一个横截性的概念，一个被运用在许多不同路径中的概念，但是这里我的论述仍然具有和某种"利益范式"相近的观点。

首先，在其存在的最初几个世纪中，在说明主体的行为上，利益被看作为一个主要的动力。这就意味着，一方面如果你能探出主体的利益所在，那么你也就能够成功地揭示出驱使其行为的主要动力。然而，一旦我们这样说了，还应该立刻补充的是，这些早期的思想家在使用利益上还有一种倾向，即以一种非同义反复的形式在使用，而且不同于利益，他们还把解释权也归因于某些动力。这些动力其中的一个就是激情，或者像我们今天说的感情。

其次，同时利益被理解为一种内部动力，即来自主体内部的动力。早期的思想家们都很清楚，在行为者外部也存在着一些动力影响其行为，比如自然、风俗以及极权统治者，等等。然而，正如边沁指出的，这些动力毋宁被看作是增加了主体行为最终的形式，而不是人们"行为的动力"。把利益理解为一种内部

## 第二章 成为一个社会科学概念的利益

动力的另一个后果是,为了分析的目的本应该保持分离的两个观点合并在了一起:利益作为一种行为动力以及——既然它是来自于行为主体内部,利益作为一种动力,也可以用以表达行为主体真正的需要是什么。

这两种观点的合并还可以帮助解释第三个特征,也就是早期的以及"前社会"形态(现代社会科学形成之前)的利益特征,也就是说,存在着一个典型的假设:在"存在一种利益"与"行为主体意识到这种利益"之间存在着一种张力。一旦行为者意识到了其利益所在,就将能够实现他内心的愿望。从这一点出发,我们知道,当谈到利益时,传统上都把极其重要的意义赋予了意识力和洞察力。

最后,几位使用利益概念的思想家都被这样的事实所困扰,即如果每个人都按照他们的利益付诸行动,将是很危险的。他们意识到,个体的私利(private interest)或者自利(self-interest)和所有人共同的利益是截然分开的。霍布斯的观点很有名,他认为应该有一个极权的君主(利维坦)存在,因为如果每一个人都按照自己的利益付诸行动的话,世界将混乱不堪,内战将充斥每一个角落。相似地,休谟赞成一种宪法上的权力的分立,因为他以为,如果每个人都按照自己的利益付诸行动,所有的政治权力就有可能终结在某个单独的行为者手中。亚当·斯密的"看不见的手"以及曼德维尔的有关私人恶行与公共道德之间的讽喻,一定程度上成了存在于众人之间的那种认识的部分佐证,即如果每个人都按照他们利益付诸行动的话,结果会很糟糕。

这一章剩余的内容将专注于说明这样的过程,在十九世纪,当社会科学出现时,尤其是经济学以及马克思和托克维尔所描述的早期类型的社会学出现时,在利益概念这种早期的观点上,发生了什么变化。经济学利用传统的利益概念奠定了现代经济学的基础,而且在这一过程中,这个概念又以一种意义深远的方式发生了改变。马克思和托克维尔在不同的方向上改变了利益概念,这一点在学院派的社会学那里得到了延续和强调(正如在第三章里要讨论的一样)。

## 作为一个社会学概念的利益,第一部分:经济学

在所有的社会科学中,没有一个学科像现代经济

# 第二章 成为一个社会科学概念的利益

学那样,用一种如此果断的方式抓住了利益的概念。简单地说就是,利益的概念变成了现代经济学基础;而帕累托把经济学描述成为"一个关于利益的一般科学",实际上是一个很合适的描述。[帕累托,(1916) 1968:1350] 虽然经济学在十九世纪使利益成为了它最重要的概念,但是在这一过程中,它也改变了利益概念。它把利益概念转变成了经济自利;而在分析的过程中,没有任何一种类型的利益(比如政治利益、观念利益等)能比经济利益占据更大的篇幅。经济学家们在社会的方向上转变了利益,但是这一转变只关注一种非常琐碎而又抽象的社会影响行为,也就是说,那些弥补最优化市场的行为。

而这一整个的过程是如何在十九世纪发生的,将是接下来我们的主题。应该强调指出的是,我们要说明的仅仅是经济学发展的一个分支,也就是说,这个分析经济学的部分最初在英国出现,继而也出现在了别的国家。对这种分析经济学来说,有一个特别的竞争者,它提倡一种更加经验主义的和历史的经济学形态,这就是所谓的德国历史学派。在这一种后来的经济学形态中,利益的概念在本质上意义很广泛,非常接近于我们在第一章中所讨论的利益类型。从十九世纪八十年代到大约二十世纪，经济学中的这种分析路径和经验—历史的路径之间，发生了一场严酷的学术对抗，最终这场所谓的方法论之战以经验—历史类型的经济学惨败而终，而从现在开始它已经被挤出了经济学的领域。

现代分析经济学在十九世纪产生的历史是很复杂的，很难用几页文字就能概括出来。不过，这一过程显然开始于这样一种认识，即经济学在其方法上必须具有严格的分析性，并且必须把经济作为唯一的关注对象，而不是把社会当作一个整体，经济只在这个整体之中起作用。

现代分析经济学最初源于约翰·斯图亚特·密尔以及大卫·李嘉图，继而在发展中引出了一系列思想，这些思想通常都被归结为经济人的理论。正如埃奇沃斯（Edgeworth）后来指出的："经济学的第一个法则就是，每一个行为者只被私利所驱使。"[（1881），2003：16]"经济人"是任何经济学家都不愿意嘲弄的角色，而且它似乎和现代经济学中的那些复杂的观念几乎毫不相关。然而，情况并非如此，经济人观念在某种意义上依旧非常活跃，它仍然构成了现代经济学的基础。[比如佩斯基（Persky），1995：

## 第二章 成为一个社会科学概念的利益

221 ]

根据肯尼思·阿罗的观点,对经济人观念的经典描述可以在弗兰克·奈特的著作《风险、不确定性和利润》(1921)中找到。(阿罗,1987:203)然而,在介绍奈特的观点之前,经济人还有另外一种解释值得先进行讨论。相对于奈特的观点,这个解释更加的程式化,因此利益的概念就以一个更加显著和清晰的面貌得以出现。

这个解释也是来自一个经济学家,即马克斯·韦伯,不过他在社会科学的另一个领域——社会学领域——更加著名。从韦伯十九世纪九十年代以来的讲稿中(这些讲稿几乎无人关注),我们能够发现下面这些有关经济人特征的简洁描述:

[经济学] 理论摘要

a. 无视这样的观点:即好像没有指出,所有的那些对现实中的人们有影响的动机,都是特定的、非经济意义上的,也就是说,所有的那些动机都不是由于物质需要的满足而引起的;

b. 把以上的情形归因于:事实上,现实中对人类本质的表达要么根本就没有指出来,要么就是不完备的，也就是说：

a) 要对给定的情形进行完备的洞察——需要具备完全的经济学知识；

b) 要说明一个给定的目的，就要选择一个排他的、最优的方法——这需要绝对的"经济理性"；

c) 要获得经济的收益，一个人需要排他性地付出自己的力量——这需要不知疲倦的经济努力。

因此，这里的论述以不切实际的人为基础，类似于一个数学意义上的观念。[韦伯，(1898)1900：30]

韦伯的观点很清晰，但是有几点值得强调。首先，韦伯一开始就指出了经济学的进路，即经济行为似乎都是排他性地被经济利益所驱使的（动机都是由于物质需要的满足而引起的）。这就意味着，在这种分析体系中，要么在经济的范围内，要么在整个社会的范围内（这一点在分析中是被漠视的），必须得把经济利益考虑进来。

韦伯继续论述道，分析经济学家还假定，经济行

## 第二章 成为一个社会科学概念的利益

为主体对于发生在经济事务中的一切都拥有相关的知识,并且他确切地知道自己的经济利益是什么。针对这一点,韦伯补充道,经济行为主体还在选择用最好的方法去实现其利益上面拥有完备的知识,并且他往往专注于此。用现代的话来说,韦伯所讨论的就是"理性选择"(尽管"选择"可能是一个太过强势的词语,因为完备的知识和转移性排除了许多能够使一个选择成为真正的选择的行为)。韦伯的结论指出,经济人当然是一个"不切实际的人,类似于一个数学意义上的观念"。

弗兰克·奈特在《风险、不确定性和利润》中的观点总体上与韦伯相同,但是他缺乏韦伯简洁的概括能力,韦伯只用了几句话就概括出了经济人的特征。他还缺乏韦伯的另外一种能力,即韦伯能够使非理性的现象听起来像是理性的。为了描述经济人,奈特需要十五个论点以及五页的篇幅,而韦伯只用了四个论点和三分之一页的篇幅。奈特的第一个论点如下:

> 1. 在先天继承以及后天获得的基本禀赋上,社会成员都应是正常的人,他们有着不同的做事方式。这和生活在现代西方国家的、有着相似的

行为方式以及身份的相同——现代工业国家人口中的任何一个"随机抽样调查",结果莫不如此。[奈特,(1921)1971:76]

关于这个观点中有趣的一点是,它解释了韦伯在其后来的著作中也强调过的东西,即经济人不但是理性的,而且这种理性是西方传统的特征。经济人理论中的其他隐藏的假设以及那些没有经过说明的存疑都充满在奈特这十五个论点的描述中。比如,我们看到,"每个人都是他自身福利与利益最终的和绝对的裁判"[奈特,(1921)1971:77]。任何经济行为主体都不得拥有凌驾于别人之上的(经济的或者其他的)权力。经济人生活的社会还被假定为只有守法的成员;在契约问题中没有犯罪行为和愚弄行为等问题(交易费用)。经济人还生活在某种特别类型的空间里,而不是社会中,尽管这种空间看起来好像并不存在:

6. 在完全独立于所有其他人的意义上,每一个社会成员只能承担一个单一个体的作用。为了实现其独立性,他必须不受社会需要、偏见、偏

爱或者排斥，或者在市场交易中没有出现的任何价值观的影响。[奈特，(1921) 1971：78]

走向现代经济学的第二步发生在十九世纪，是和边际效用的观点联系在了一起的，其代表人物有卡尔·门格尔（Karl Menger）、杰文斯（Jevons）以及瓦尔拉斯（Walras）。虽然这一系列的概念也在经济人的名下表达了这样的观念，即经济行为主体拥有经济利益，并且他确切地知道这些利益是什么，他也知道选择最佳的方法来实现这些利益，但是边际效用的概念还是说了一些别的东西。其主要的观点是，行为者的利益和他对某物渴求的强度是不同的，而这个不同可以通过一个公认的计量单位来表达。

在《经济学原理》（1871）中，卡尔·门格尔用一个著名的表格概括了建立在边际效用观点基础之上的推理类型。门格尔说，让我们假定，经济行为者需要十种不同的产品，而在这其中，他把第一种优先性的产品赋予了食物（Ⅰ），第五种优先性赋予了烟草（Ⅴ）。我们还要假定，行为者消费第一组产品食物的满意程度是10，那么他再消费其他相继的产品所获得的满意度就会相应地减少为9、8、7等。另外，如果行为者首选的产品是烟草，那么他的满意度就从6开始，然后，每增加消费一个单位的烟草，他获得的满意度就会相应地减少一个单位，这就像消费食物是一样的。（参看表2.1）

**表 2.1　作为边际效用的利益**

| I | II | III | IV | V | VI | VII | VIII | IX | X |
|---|----|-----|----|----|----|-----|------|----|----|
| 10 | 9 | 8 | 7 | 6 | 5 | 4 | 3 | 2 | 1 |
| 9 | 8 | 7 | 6 | 5 | 4 | 3 | 2 | 1 | |
| 8 | 7 | 6 | 5 | 4 | 3 | 2 | 1 | | |
| 7 | 6 | 5 | 4 | 3 | 2 | 1 | | | |
| 6 | 5 | 4 | 3 | 2 | 1 | | | | |
| 5 | 4 | 3 | 2 | 1 | | | | | |
| 4 | 3 | 2 | 1 | | | | | | |
| 3 | 2 | 1 | | | | | | | |
| 2 | 1 | | | | | | | | |
| 1 | | | | | | | | | |

注：在边际效用的分析体系中，行为者在某种特殊产品上的利益，不仅取决于该产品对于行为者来说的内在固有的价值，还取决于行为者对于该产品需求的强度。在这里，关键的理念是由卡尔·门格尔在《经济学原理》中以下面的方式来解释的。假定行为者需求或者说在十种产品上有某个利益，而这些产品还能够按照一种可转移的方式排列等级，以产品 I 开始，以产品 X 结束。还要假定当消费掉某一个单位产品后，行为者的满意程度亦会相应地减少一个单位。

来源：门格尔 [（1871），1976：127]。

为了建构一个这种类型的图表，必须做出一系列

## 第二章 成为一个社会科学概念的利益

的假定,包括所有的产品在它所给予的满意程度上是可以比较的,而这些满意度又可以以一个特殊的次序分等排序(传递性意味着,如果你宁要 $a$ 不要 $b$,继而又宁要 $b$ 不要 $c$,那么你将也会宁要 $a$ 而不要 $c$)。还应该指出的是,通过做出这些假定(不管这些假定切合实际与否),现代价格理论的一半,也就是说需求曲线,已经被发明出来了。根据典型的需求曲线,一种产品的价格越高,对该产品的单位需求量就会越少,反之亦然。这时相似的供给曲线的理念就应该补充进来——正如阿尔弗雷德·马歇尔在《经济学原理》(1890)所做的,这样的结果就是出现了一个优雅的价格决定论分析模型。

虽然最初使用经济人的代价是很高的——一系列扭曲的、经验主义的事实已经证明了这一点,但是应该指出的是,在后来的分析中还的确是有一个偿还机制存在的。按照分析经济学家们的看法,当把经济人的观念放在个人层面和集体层面做了对比之后,这种偿还机制就一目了然了。重复一下,在单个人的层面上,经济人的观念是不太引人注意的——而一旦我们转移到集体的层面上,情况马上就会发生变化。在这里,通过把市场当作一个社会机制来使用,精确地计算出产品的价格就变得可能了，而这种社会机制能够把单个行为者的主观需求转变成为一个在集体层面上的社会现实。

运用这种类型的分析模式，经济学家们还很快就能够在经济行为主体反应的变化和价格的变化之间，发现直接的联系（"需求价格弹性"是由马歇尔发明的概念）。这样，定价的观念最终也被扩展到经济生活的其他部分，而不仅仅就像市场对普通的产品一样。比如，这样一来确定使用金钱的代价就变得可能了，而这样对于金融的理论也是一个补充。经济学家还能够发展出一套针对劳动力应该如何定价的理论，并且这对于劳动力市场理论也是一个补充。这样，经济人的观念和边际效用的观念二者就结合在了一起，成为了现代经济学的基础。

为了确定经济学中的这些发展所带来的利益的观点，重新回到这一章开头所讲的内容是有益的，当时我们把利益概念化为一种决定行为者付诸行为的动力（1）。很清楚的是，在这个新类型的经济学中做出了这样的假定，即决定行为者付诸行为的动力只有一个，这就是利益。或许还要指出其他的约束，也就是说，十九世纪的经济学（和今天的经济学不同）只

## 第二章 成为一个社会科学概念的利益

在适当的经济范围内提及行为。

至于说到驱使行为者的动力是来自于行为者内部的观点（2），很明显的是这一点同样是十九世纪的经济学所关注的要点。然而，这一类型的经济学并不研究这个问题，或者相反他们吸收经验的素材（例如，正像拉罗什福科曾经做的那样）。与之相反的是，它假定或者毋宁说是把一种内部的利益分配给了行为主体。

最后，针对这样的观念，即在一种利益和行为者意识到这种利益之间，存在着一种张力（3），门格尔和其他人做出了一个激进的改变。通过做出这样的假定，即经济行为者拥有关于其利益的完备的知识，他们就把这种张力给消除掉了。利益以及有关利益的知识仍然被概念化为两种不同的东西，但是就这个观念来说，我们最好还是把这两者合并成一个单一的概念，以"明显的偏好"（萨缪尔森）的形式来出现，就显得不遥远了。

在十九世纪，当利益的概念变成了现代经济学一部分的时候，维尔弗雷多·帕累托很好地总结了在它身上所发生的变化。在帕累托看来，正如已经提到的，经济学可以被描述成为"一门关于利益的一般科学",而它主要关注的就是理性的现象。它分析市场中的相互影响,但是在本质上这些影响都是有逻辑的,而不是经验主义的。相反,社会学主要涉及的是非理性的现象。在社会学中利益也会被分析到,但是它是作为世界的一部分而出现的,而世界本身是极度非理性和感性的。

## 作为一个社会学概念的利益,第二部分:社会学先驱

在十九世纪,经济学以其特有的方式占有了利益的概念,这一经历是众所周知的,在这一过程中经济学根据自己的需要改变了这个概念,而且在使用利益的方式上,经济学也做得很成功。与之相反的是,利益的概念在社会学中的应用并非如此,这里的社会学包括早期的社会学,或者毋宁说是在学院派的社会学产生之前的分析类型所采用的形式。很少有人做出这样的努力,即系统地看待利益在十九世纪所谓的社会学先驱著作中的使用情形,以及他们对利益的使用是如何与利益概念的整个历史发生联系的。

## 利益在新大陆中的情形:托克维尔

自从二十世纪六十年代雷蒙·阿隆在巴黎大学所开设的著名的社会学经典课程中把托克维尔包含进去以来,现在已经普遍认为托克维尔所发展的那一套分析体系最好被称作是社会学的。还要指出的是,在这一类型的文献中,"利益的范畴在德·托克维尔的社会学分析中,扮演了一个重要的角色"(布东和布里科,1989:421)。这一点确实是正确的,即利益的概念在托克维尔的著作中扮演了一个重要的角色。而且还有一点就是,托克维尔看起来最好被刻画为一个社会科学中的过渡者角色,因为他的著作正好出现在一个灰色地带,即从早期社会理论到十九世纪晚期社会学形成这个阶段。

同样,托克维尔关于利益的观点被置于一个分界线的两端,即在早期的利益理论(这一点在第一章讨论过了)和那些很明显属于社会学的理论之间。托克维尔的关于行为者心理学的观点以及利益在其行为中所扮演的角色的观点,与比如说在大卫·休谟以及亚当·斯密著作中发现的观点并非差异很大。但是在托克维尔的著作中,也有一些部分本质上明显是社会学的。这一点在《论美国的民主》中尤其明显,在那里托克维尔把一种类型的利益分配给了贵族社会,把另一种类型的利益分配给了民主社会。托克维尔并没有使用那些将来继承他学说的社会学家们的术语,比如"社会的""社会行为"等,但是在他对美国的研究中,他的推理却非常符合这些范畴。

托克维尔在《论美国的民主》中说,每一个人都被利益所驱使——但这只是一个要点。还有一些别的力量在驱使个人的行为,而托克维尔采取的是简略的表达方式来指称这些力量的,它们用短语来表达就是"利益和激情"以及"利益和感情"。[比如,托克维尔,(1835—1840)2000:46,76,80]之所以采取这种方式来指称这类表达,是由于如果你认真地留意一下托克维尔在《论美国的民主》中的论述,你很快就会明白,除了情感("激情""感情")之外,还有一些因素能够影响行为者。特别地,有一些"观念"的东西,托克维尔大概是用它们来表达洞察力的意思,还有一些东西,比如说公共舆论和意识形态等。[比如,托克维尔,(1835—1840)2000:158]此外,还有一些"习惯"以及相关的现象。[托克维尔,(1835—1840)2000:352]

## 第二章 成为一个社会科学概念的利益

习惯的概念和风俗是相近的,这个范畴用以指称那些超越个人之上的力量,在本质上其意义是社会的和非个人的。虽然如此,还是要指出,我们可以在托克维尔的著作中发现,他用最社会的或者说最社会学的路径来使用利益概念,即他把利益用在了贵族—民主这一对双重的概念之中,这一点构成了《论美国的民主》的思想核心。在托克维尔看来,在几千年以前,欧洲社会以贵族制的形式发端,这意味着一小部分占地骑士精英控制了所有的资源(经济的、政治的以及宗教的)。随着社会的演进,这个精英阶层逐渐失去了对这些资源的控制——通过宗教改革运动,土地财产的重要性下降,而商业阶层的重要性上升。托克维尔把这个发展看作是一种"民主"的成长,而这个术语用在今天或许就是一种在"经济的、社会的和政治的平等"上的成长。

根据托克维尔的看法,虽然在一个像美国这样的民主社会里,人们拥有利益的事实在某种程度上是被公开地接受的,但是在贵族社会这一点却是被隐藏起来的。导致这一点的一个原因是,贵族社会是以这样的一个方式来构建的,即利益不能单独地发挥作用;利益被深深地嵌入特别的关系和感情之中,只能够和它们一起被表达出来。比如，这一点在托克维尔所举的一个例子中被展现了出来，这个例子是在贵族社会和民主社会就如何偿付地租上的比较：

> 在贵族制社会，租种土地不仅要偿付租金，而且要对地主表示尊重和关怀，还要为地主服劳役。在民主国家，佃户只要支付租金就可以了……而地主和佃户之间的关系，只是根据契约建立的暂时关系。他们为了议定契约的条款而定期集会，定了契约之后便各奔东西。他们是两个互不相识的人，只是利害关系使他们结合在一起。他们在一起讨价还价做交易，其唯一的目的就是赚钱。［托克维尔，（1835—1840）2000：554］

在贵族社会中，利益的规则由于另外的一个原因也是较少被关注到的，而这个原因就是，赤裸裸的利益是被蔑视的，从而是不会被讨论的。然而，贵族们十分清楚金钱和物质利益的作用，他们把如何实现这些利益的观念和策略保留给了自己。而另外，在公共场合他们表现出一种轻蔑的态度，假装对金钱和赚钱

## 第二章 成为一个社会科学概念的利益

不感兴趣:"他们乐于声称,忘掉自我是很光荣的,而像上帝一样没有私利地去做善事是很合适的。"[托克维尔,(1835—1840)2000:500]

而在托克维尔看来,在一个像美国这样的民主社会中,情形恰恰与之相反。在这里,利益是被公开得到承认的,而且每一个人还被假定拥有只有他自己能意识到并对之负责的利益。托克维尔强调说,在一个民主社会中,每一个人都是其自身利益的裁判者:"个人是他自身特殊利益的最好的也是唯一的裁判者。"[托克维尔,(1835—1840)2000:62]托克维尔同意这样的观点,即利益的观念在民主社会比之在贵族社会显得更加的粗糙。另外,在指称利益的时候,也没有任何伪善的否认。托克维尔还确信,随着历史朝着民主的方向演进,利益将会变成一种规范:"因此,必须承认,个人利益即使不是人的行动的唯一动力,至少也是现有的主要动力。但是,还要知道每个人对于自己的个人利益是如何理解的。"[托克维尔,(1835—1840)2000:503]

托克维尔很好地意识到,当所有的行为者都在追求他们自己的利益时,就会有大量的冲突出现。在《论美国的民主》中,他追随着十八世纪的传统,在那里提到有大量的不同种类利益存在,而这一点也就自然地增加了出现许多种类冲突的可能性。托克维尔对于这种冲突的可能性非常敏感,并且他努力以一种非同义反复的方式来使用利益概念,我们可以引用下面的例子来说明这一点:

> 把两个社会人集合在一起,给予这两个人相同的利益以及部分相同的主张;如果他们的性格、他们的启蒙以及他们的文化不同的话,那么在很多场合他们都将不会彼此认同。[托克维尔,(1835—1840) 2000: 361]

在《论美国的民主》中,托克维尔有关利益分析的中心范畴是所谓的"正确理解的利益"(interest properly understood)原则。通过这个听起来有些尴尬的短语,托克维尔指出了一个事实,即在美国国内之所以能够避免一场人与人之间互相反对的战争,是由于每一个美国人都普遍承认了这个原则,而他追求自己利益的行为方式,则往往显得道德而又得体。托克维尔说,美国人把德行看作是"有用的",并且他还指出,本杰明·富兰克林也认同这个观念。[托克维尔，(1835—1840) 2000：501] 他以下面的文字概括了他的论述：

> 在美国，人们几乎绝口不谈德行是美的。他们只相信德行是有用的，而且每天都按照此信念行事。美国的道德家们决不劝他们的同胞为了表现自己伟大而去牺牲自己。但他们却敢于宣称，这种牺牲精神对于牺牲者本人和受益者都是同样必要的。[托克维尔，(1835—1840) 2000：501]

为了追求自己的目的，一个人必须是有德行的。只要相信这一点，很多纷争的原因就被排除掉了。但是按照托克维尔的观点，以这种态度行为处事还会导致另一种令人关注的效果，即个人会变得更加严于律己。通过不承认那种"义无反顾的无私激情"，个人不但可以更好地实现他长期的甚至永久的利益，而且他的个性也会朝着理性的方向改变。[托克维尔，(1835—1840) 2000：503] 托克维尔对这个观点的论述很像马克斯·韦伯在《新教伦理与资本主义精神》中所讲的。在那里，韦伯认为某种宗教信仰将会使得人们的行为更加理性和有条不紊，继而这种理性还可以移植到行为者的经济行为中去。托克维尔也采取了这最后的步骤,他指出正是这个"正确理解的利益"原则揭示了"这个世界成功延续的伟大的秘密"。[托克维尔,(1835—1840)2000:522]在《论美国的民主》中,他写道:"凡是可以提高、充实和扩大心灵的东西,都最能使心灵去完成与心灵本身本来无关的事情。"[托克维尔,(1835—1840)2000:522]

但是,即使托克维尔相信这样的观点,即宗教信仰的介入,能够很好地弱化每一个人都在努力追逐自己利益的后果的影响,他仍然非常担心,而美国对利益的顶礼膜拜也让他深感不快。托克维尔在这一点上对美国的嫌恶通过下面的这个观点可以清楚地看出来:"在美国,人们的生活最渺小、最枯燥、最乏味,总之,最没有诗意,无以引发人们的想象力。"[托克维尔,(1835—1840)2000:461]

托克维尔还担心民主社会构建公共工程的问题,这是因为很难想象一个建构在公开承认的利益基础之上的社会,能够有什么大的作为。比如,他想知道美国的民族主义——正如他看到的,这是一种直接建构在利益基础之上的民族主义——是否真的能够经受住如此强大的压力。[托克维尔,(1835—1840) 2000：358] 相似地,美国的司法体制也经由利益来发挥作用,托克维尔不禁再一次疑问,这样(的司法体制)是否就真的足够了,或者说是否一种更强的司法观念是不必要的。[托克维尔,(1835—1840) 2000：461]

托克维尔对于一个像美国这样民主的并且是以利益为基础的社会前途的最大的怀疑,我们可以在他对"个人主义"的论述中找到。[托克维尔,(1835—1840) 2000：482—488] 托克维尔的论述意在表明,"过分的自爱"会导致危险,而他尤其担心的是个人主义的政治后果。[托克维尔,(1835—1840) 2000：482] 他指出,当个人过分地关注他们自己利益的时候,他们常常有这样的感觉,既然他们无法影响政治,他们就最好也同其同胞大众隔离,同亲属和朋友疏远,从而不管世界上的其他部分,任其自行发展。[托克维尔,(1835—1840) 2000：482] 这样做的结果就是,政治将会遭受破坏,治理的大门将会朝向一种新的压迫形式打开,这种压迫是民主社会特有的,即这是一种温和形态的暴政。而到了最后,繁荣也将会不复存在,因为没有德行,就不可能会有财富。托克维尔用这些话概括了他的论述,他说虽然自利是非常非常古老的概念,但是又确实存在着一种新类型的自利,这种自利只有在民主社会才能找到:

  利己主义是跟世界同样古老的一种恶习,它的出现与社会属于什么形态无关。个人主义是民主主义的产物,并随着身份平等的扩大而发展。[托克维尔,(1835—1840)2000:483]

# 第三章

# 社会学家论利益

利益的概念现在并不是一个可以接受的社会学概念。不错，在社会学的文献中经常可以见到这一概念，而且如果我们查阅一本社会学的辞典，也肯定会见到有关"利益"的词条。但是即使利益的概念确实会出现在社会学的语境之中或者社会学辞典之中，它的意义或多或少都被当作是想当然的，而且这些意义都不会参考它早期的用法，也没有可选择性。这是一个没有历史的概念，所以也不会带来任何的问题。简单地说，这是一个罗伯特·金·默顿（Robert K. Merton）意义上的"原始概念"，或者说这是一个在使用过程中没有意识和缺乏概念严谨性的术语——

正是由于这个原因，作为一个社会学概念的利益并没有很好地发挥其应有的作用。在默顿看来："（虽然）一个概念具有一般的意义，因为它经历了被定义、标记、广泛地推广以及详细说明的过程，因此一个定义能够有效地指引对诸多现象的研究；但是一个原始概念却是一个早期的、初步的、特殊化的以及在很大程度上没有得到详细说明的观念。"（默顿，1984：267）简而言之，当利益作为一个社会科学概念出现时，每个人都不得不重塑其具体的意义。

正如刚才指出的，当利益的概念被当代社会学家们使用时，并没有参考它早期的用法，或许马克思主义社会学家们会引用马克思关于阶级利益的论述来弥补这一点。因此，这一章的一个目的就是回到利益概念早期的历史中去，尤其是回到当它被作为一个社会学概念使用的时候。正如结果要表明的那样，很多社会学家在他们的著作中，都吸收了利益的概念，而这些使用路径的历史就其本身而言是复杂而又令人着迷的。既然这一历史在今天还并不被人所知，所以就值得把它讲述明白，以至于我们就可以把它整合进利益这一概念的更加一般化的历史中去。

然而，如果详细地来书写这一历史，也就是说，如

# 第三章 社会学家论利益

果我们想更加一般地了解利益的概念是如何在社会学以及社会科学分析中能够以一种创造性的方式被使用的,这并不是这一本薄薄的小册子所能完成的任务,而且那样做还会把我们带到一个和我最初设想的不同的方向去。在这本书中,我并不是按照年代顺序排列——以社会学的经典开始,以今天为终点——来展现社会学家们是如何使用利益概念的,我的选择是这一章围绕着这样一个问题来展开,即社会学家们,在他们和利益这一概念的博弈中是否成功地提出了一个有益的概念。

然而,从一个更加传统的观点来看,关于利益的概念在社会学中被应用的历史的确还是需要说上几句的。虽然还有很多的漏洞需要填补,但是接下来我们仍将给出这个历史过程的大概轮廓。在社会学历史的先锋阶段,大约是在1890—1910年间,人们付出了严肃而又专注的努力,从而把利益的概念转变成为一个社会学的概念,而且在这段时间里还出现了一场赞成与反对利益的激烈讨论。在这一努力的过程中,其中的核心代表人物是古斯塔夫·拉岑霍费尔[①](1842—

---

[①] Gustav Ratzenhofer:古斯塔夫·拉岑霍费尔,奥地利军人、军法学家、社会学家、社会进化论者。曾在中学短期肄业,1859年参加奥地利军队,从一名军官候补生扶摇直上,到1898年升任陆军元帅兼维也纳最高军事法庭庭长,迄1901年。任此职时,对社会科学发生兴趣。在其平步青云的军旅生涯之后,著有关哲学、社会学及政治学等方面的六种论著。

1904），一位今天已经被很多人遗忘了的奥地利社会学家。然而他的思想却在美国得到了很好地吸收，在那里两位美国早期社会学的核心代表人物——阿尔比恩·斯莫尔（Albion Small）以及E. A. 罗斯，他们不仅认为应该把利益的概念整合进社会学的分析之中，而且他们还给它分配了一个中心的位置。

利益的概念也被社会学中经典的作家所使用，他们中的几个人发现利益的概念非常有用。这一点对于马克斯·韦伯和乔治·齐美尔尤其正确，他们两个人都把利益看作是现代社会中的主要驱动力量。通过引进利益的概念，韦伯还开发出了几个独特的概念，比如作为例证的阶层、某种类型的集体行为，等等。虽然和韦伯与齐美尔相比，埃米尔·涂尔干对于利益的概念显得没有他们热心，但是他依然把自己的某些最重要的关切点放在了一般利益对自利的分析之中。简单地说，当经典作家在建构现代社会学的根基时，利益是一整套观念中的重要组成部分。

确切地讲，在经典作家之后发生了什么是很不清楚的，可惜拉岑霍费尔和经典作家们讨论利益概念的途径现在已经湮没无闻了。从那时开始就不再参考利益的早期用法，而这一点现在仍然是事情的关键。普遍的结论是，虽然利益已经成了一般社会科学语汇中一部分，但是它自身并没有成为一个社会学概念，或者相反，利益的概念还需要更多的讨论。在帕克（Park）和伯吉斯（Burgess）（1921）所写的社会学经典教科书中基本上忽略了利益的概念，尽管这一点在塔尔科特·帕森斯的《社会行动的结构》[（1937）1968]中遭遇到了直接的批评。

"二战"之后利益的概念偶尔地得到了重新露面的机会，它不仅出现在了有关社会分层的文献中，还出现在了交换理论之中。然而，据我所知，从"二战"之后的这段时期以来，在主流的社会学家中，只有两位在他们的体系之中给利益分配了一个核心的角色。然而，这两位社会学家却分属于非常不同的阵营，他们就是詹姆斯·科尔曼以及皮埃尔·布迪厄。

拉岑霍费尔、斯莫尔、韦伯、科尔曼等人有关利益的观念都值得给予它们应有的讨论，尤其是这些观念并没有得到应有的重视。在某种程度上，在这一章里我还将尽力讨论这其中的每一种观念。既然这一章的目标是要构建一个有用的、社会学的利益概念，而不是书写它的历史，接下来我将继续这样做。我把拉岑霍费尔以及所有其他社会学家们的观念搜集在了一起，然后把它们分成了几个不同的范畴，并把这一点当作了一种方法，从而开始了对这些观念的讨论。在第一个范畴中，利益被看作具有极端的重要性，它被看作社会行为的主要动因和驱动力量。在第二个范畴中，利益仍然非常重要，但是还要指出，在导引社会行为上还存在着几种其他的力量。第三个范畴是认为利益几乎不或者根本就不重要。

## 进路1：作为社会生活中驱动力量的利益

在刚刚提到的三个范畴中，每一个都应该被看作是一个理想的类型，在这个意义上，它们的出现将带有其在实际中所缺乏的概念清晰度。而一些作者陷入几种不同的范畴之中，即使他们思想的要旨使得他们适合于一种范畴而不是另外的范畴，这也是事实。我们要讨论的第一个范畴是指利益被看作是社会生活中的主要动因，因此，这一点对于社会学理论来说就显得尤其重要。在这里我努力要做的主要是，展示那些属于这一范畴的作者们如何能够为了他们的立场而据理力争，如果他们的论点站得住脚的话。很明显，在大约1900年左右,比如说拉岑霍费尔和齐美尔他们采取的立场就和詹姆斯·科尔曼的不同,后者在大约五十年后非常活跃。

1905年阿尔比恩·斯莫尔(当时他是芝加哥大学社会学系的系主任)指出:"在最近的社会学中,没有任何一个术语能够像'利益'这个术语这样被频繁地使用。"(斯莫尔,1905:434;与之相似的是豪斯,1926:508)这个观点是斯莫尔在其最重要的著作《社会学通论》中做出的。就在这同一年,另外一位美国社会学界的先锋人物E. A. 罗斯出版了一部同样重要的著作《社会学基础》,在这本书中利益同样处于中心的范畴(罗斯,1905)。几年之后,曾经一度是一个社会学家的亚瑟·本特利(Arthur Bentley)出版了他的经典之作《政府的过程》,在这部著作里第一次提出了利益集团的概念。(本特利,1908)

在所有这些思想家对利益的讨论过程中,他们都提到古斯塔夫·拉岑霍费尔的著作赋予了他们深深的灵感,尤其是《社会学常识》①(1898)。拉岑霍费尔不仅是奥地利军方的领导人,他还是几部著作的作

---

① 原文是德语:*Die Sociologische Erkenntnis*。

者，这几部书宣称利益在本质上以及在社会中都是基础性的力量。根据彼特·休伯（Beat Huber）在《社会科学中利益的表达》①一书中的观点，社会科学中对于利益的概念有了一个精确的理解，这最初的努力确切地说是出现在了十九世纪的末期。她还指出："拉岑霍费尔是第一个努力从利益的观点系统地观察社会生活的作家。"（休伯，1958：6）

在拉岑霍费尔看来，在宇宙中存在着一种基础性的力量（元素力量②），这种力量可以用来解释生活现象，而且我们还能够在人类之间以"天赋的利益"的形式发现这种力量（拉岑霍费尔，1898）。换句话说，驱使人们行为的动力就是利益。拉岑霍费尔把社会学定义为互相影响和相互作用（相互联系③）的科学。然而，拉岑霍费尔又非常谨慎地指出，社会学并不涉及人类生活的某种自治的尺度。人类的社会行为不仅取决于社会的相互影响，而且还取决于其他的一些因素，比如生物学、心理学等。和孔德相似，拉岑霍费尔也认为社会学是一门科学，其主要任务是把其

---

① 原文是德语：*Der Begriff des Interesses in den Sozialwissenschaften*。
② 原文是德语：Urkraft。
③ 原文是德语：Wechselbeziehungen。

他科学的见识综合起来。

　　除了把利益当作一种基础性的力量之外，在其著作里拉岑霍费尔还提供了一种利益的类型学。他认为有五种类型的利益存在："生殖的利益"、"心理学的利益"、"个人利益"、"社会利益"以及"先验的利益"（拉岑霍费尔，1898：54—66）。社会利益被定义为那些和血缘以及集团的福利相关的利益。这五种类型的利益每一种都能产生导引人类行为的"冲动"，当人们按照这些冲动付诸行动的时候，结果就形成了社会生活。换句话说，如果利益被考虑进来的话，社会生活就能够得到理解了；它没有与生俱来的或者说独立的动力。比如说思想观念，当它符合人们的需要或者利益的时候，在社会生活中就变得重要了。正如拉岑霍费尔曾经指出的那样："正是利益的钥匙，打开了社会学知识宝藏的每一扇门。"［索罗金，(Sorokin) 1928：643］

　　对于拉岑霍费尔来说，一个常见的批评是，他的利益理论与其说是社会学的，倒不如说是心理学的以及（或者）生理学的。确实如此，他有关利益的最主要著作《社会学常识》，最好被刻画为是一本科学哲学类型的作品，而不是对于社会生活中利益的角色所做出的一个翔实的研究。而拉岑霍费尔却依然把利益放进社会学的议程之中。这样做，他也就成为了把利益引进到社会学分析中的先驱者，也就是说，把利益当作驱使社会关系的动力，虽然这一点在今天已经变得非常普遍了。

## 拉岑霍费尔在美国的追随者（阿尔比恩·斯莫尔，E.A.罗斯以及亚瑟·本特利）

尤其在美国，拉岑霍费尔有很多重要的追随者，而阿尔比恩·斯莫尔在这些人中是最重要的。斯莫尔吸收了许多拉岑霍费尔有关利益的思想，并主要通过他经常发表文章的《美国社会学杂志》把这些思想很有效地传播开来。正如拉岑霍费尔一样，斯莫尔把利益看作自然界的一部分，他也认为建立一个利益的类型学是必要的；他还论述到，对于社会学的分析而言，利益是关键之匙。正如斯莫尔在《社会学通论》所指出的："社会学可以说是一门有关人类利益的科学，以及是一门在所有条件之下人们的活动的科学。"（斯莫尔，1905：442）

像拉岑霍费尔一样，斯莫尔把利益看作是宇宙的一部分："万物的开端就是利益。"（斯莫尔，1905：

96）正如物理学家做出原子构成了物质的基本单位这样的假定一样，社会学家也应该做出这样的假定：利益构成了人类行为的基本单位。"正如原子的观念在物理科学中的作用一样，利益的观念相应地在社会学中也承担了同样的目的。"（斯莫尔，1905：426）没有一个人见过原子，同样也没有一个人见过利益；之所以应该使用利益，就是因为它是一个有用的抽象概念。

在斯莫尔看来，利益解释了人们在社会中用以追求某种目的的动力和力量。例如，他描述道，利益在一个地方被看作是一种"推进力"，也就是说"一种前进的动力"，而在另一个地方，利益又被看作是"身体能量的蓄电池"（斯莫尔，1905：426—427）。斯莫尔同样很谨慎地就一方面利益是生物学和心理学的研究目标和另一方面利益是社会学的研究目标之间，划出一条严格的界限。虽然前两门科学（生物学和心理学）都涉及正在形成中的利益，而社会学却认为是想当然的，并且一开头它就是以利益"成品"的形式来出现的。（斯莫尔，1905：430）

在斯莫尔看来，对于人类行为来说，利益的中心性是绝对的：

每一个人所付出的每一个行为都可以被追溯到一种利益。我们吃饭,是由于有一种对食物的需要;但是这种需要是由于身体的利益所导致的运动。我们睡觉,是由于我们累了;但是这种意识是身体利益在恢复疲惫的组织时的一种功能的反应。我们运动,是由于在运用肌肉上有一种身体的利益。我们学习,是由于在满足求知欲上有一种心智上的利益……我们去市场,是为了满足经济的利益,而战争却是由于诸如此类混合的或者单纯形式的社会利益。(斯莫尔,1905:433)

但是,斯莫尔并不满足于一种没有差别的利益概念,他反而认为,对于现代社会学来说,发展出一个对利益的分类是极其有必要的。他认为有六种基础性的或者基本的利益类型:健康利益,财富利益,社交性利益,知识利益,美的利益以及正当性利益。这六种利益的每一种都可以再进一步地分类,比如健康利益就是由食物利益、性的利益以及工作的利益组成的。斯莫尔继续说道,所有人类的具体行为都是这些再分的利益或者几种利益联合在一起的产物:"我不能找到任何一种人类的行为,其任何一种动机不能通过一种

专门的利益以及这些利益的联合而得到解释和说明。"（斯莫尔，1905：197）

在社会中，利益彼此之间要么相互冲突，要么互相支持。斯莫尔指出，社会的活动进程的确包含着一个利益的混合，这些利益彼此之间或者互相冲突，或者相互支持。他还指出，在现代社会中冲突是很常见的；很显然，像拉岑霍费尔一样，斯莫尔也属于当代社会学中尽人所知的冲突理论的范畴。斯莫尔还强调指出，在社会中现存的社会框架能够帮助或者阻止那些利益驱使的行为。我们读到，对于行为者来说，"制度"有可能是"渠道"，也有可能是"阻碍"。（斯莫尔，1905：199）

虽然《社会学通论》在谈到社会生活中利益的角色时，用了很多页在一个非常抽象的层面上展开了讨论，但是现实中的实例却几乎没有占据哪怕是很小的一点篇幅。然而，从斯莫尔所提供的、确实很少有的一个例子中，我们还是能够感觉到，他所采取的进路就一种经验主义的工具来说还是有价值的。这个正在被热议的实例就是，最近在美国的一些州出现的立法禁酒事件，以及同样是在这些州所遭遇到的抵制这一立法的事件。（斯莫尔，1905：438—439）斯莫尔说，虽然这一类型的法令以及对它们的反对就其本身来说，可以被看作是社会的事实，但是它们最好根据利益来概念化：支持这一法令的利益以及反对这一法令的利益。而只要画出所有这些利益的轮廓，弄清楚它们之间确切的联合关系，社会学家们就能够完全明白事态的进展。

斯莫尔认为，有六种利益支持禁酒的法令，但却有七种利益反对它。比如，在前者中就有一种"道德利益"以及"一种为了捞取政策资本，从而赢得某些选民的政治利益"。而在反对这项法令的利益中则包括：在损害别人的情况下企图得益的"非道德利益"、"满足饮酒欲望的利益"以及"个人自由方面的利益"。斯莫尔强调指出，根据具体的情况不同，那些支持这些法令的利益和那些反对这些法令的利益，其力量会发生不同的改变。

简单地说，斯莫尔延续了拉岑霍费尔的议程，但是他又有所改进。和拉岑霍费尔一样，通过一种类型学的引进，他尽力在社会的不同部分中解释说明了利益的角色。然而，他又反对这样的认识，即利益在本质上是心理学的或者生物学的，因为在他看来，这两种科学只涉及那些正在形成之中的利益，而社会学却

# 第三章　社会学家论利益

只涉及那些已经形成的利益。和拉岑霍费尔不同，斯莫尔还提出了这样一个问题：利益是如何与社会结构联系在一起的。他的答案是这些社会结构能够以两种方式影响利益：对于利益来说，它们要么是障碍，要么是渠道。然而，对于这些观念，斯莫尔最终并没有给出解决的方案，在一本五百多页厚的书中，斯莫尔仅仅用了几行文字来提及这些观念。正如在拉岑霍费尔那里一样，这样做的结果就是，对于社会中利益的重要性提出了许多一般意义上的观点，但是关于如何以一种有意义的方式把利益的观念引进到社会学的分析中，却几乎没有给出任何实际的观点。

除了斯莫尔，在美国拉岑霍费尔还有两个重要的追随者。其中一个是 E. A. 罗斯（1866—1951），另一个是亚瑟·本特利（1870—1957）。罗斯的主要著作名为《社会学基础》，这本书和斯莫尔的《社会学的通论》恰好在同一年面世。在这本书中，罗斯支持社会学应该建立在利益的基础之上的观点。在其著作中，罗斯所采取的进路和拉岑霍费尔以及斯莫尔的非常相似。利益被宣称为一切社会事务的根基；同时他也给出了一种利益的分类。在罗斯看来，存在有四种主要类型的利益，这些利益"构成了创造历史的主要动力"（这四种利益是经济的、政治的、信仰的以及心智的利益。罗斯，1905：170）。

然而，比利益更加具有根本作用的，罗斯称之为"欲望"，而且有九种不同的欲望存在（这些欲望有"食欲的""享乐的""自我本位的"等。罗斯，1905：169）。虽然欲望构成了"最初的"力量，但是利益却是"重要的复合体，它是欲望的五彩之线织就的产物，是利益塑造了社会，创造了历史"（罗斯，1905：168）。换句话说，罗斯认为，是冲动（欲望）驱使着利益，而不像拉岑霍费尔所做出的那样是相反的。

任何一个研究过拉岑霍费尔以及斯莫尔思想体系的人，都会发现在罗斯那里几乎没有新的东西。然而，在两个观点上罗斯值得赞许。首先，他使"社会动力"这个术语和利益的概念联系在了一起；而这是一个恰当的选择，因为这一表达很好地把利益的一个关键性的特征（它作为力量或者动力）和一个具有真正的社会学意义的术语结合在了一起［这一点可以比较麦克维尔（MacIver），1932：146］。其次，罗斯是第一个理论化利益集团概念的学者。比如，这一主题在《社会学基础》中就包含一个很长的章节，即使利益集团的观念最终是和亚瑟·本特利的著作联系在一起的。

今天,在社会学中,亚瑟·本特利的名字和拉岑霍费尔、斯莫尔以及罗斯的名字一样都被遗忘掉了。这是一个遗憾,因为在本特利对利益的研究——《政府的过程》中,不仅包含有许多有关利益方面的鲜明且有益的观念,还包含着利益怎样能够被运用到社会学类型的分析之中。举例来说,本特利巧妙地批评了斯莫尔以及其他的思想家,他们把利益概念化为驱使力或者冲动。(本特利,1908:26—37)在本特利看来,由于两个原因,这种进路是不能允许的。首先,斯莫尔做出了这样的假设,即个人在进入社会之前就已经有了许多的利益;然后这些利益又被用来解释社会中发生的事情。其次,本特利说,事实上,斯莫尔在他的著作里做的是,把各种利益看作社会存在物,继而设想其他个人和他自己对于这些利益有着同样的想法,然后又使用这些利益来解释社会中发生的事情。这一类型的推理"把自己简化为等同于这样的命题:$A = A$"(本特利,1908:36—37)。

和这种进路相反,本特利认为,应该以这样的观察作为起点,即在其实是由许多集团组成的社会中实

际上发生了什么。如果我们能够做到这一点,我们就会意识到利益和集团是相同的:

> 没有其利益的集团是不存在的。利益,正如这个术语将在本书中所使用的那样,是集团的等价物。我们也许还会提到某个利益集团或者某种集团利益,但那仅仅是为了表达清楚起见。集团和利益是不可分离的。只有一种情况存在,也就是说,很多人沿着某个行为的路线紧密地结合在了一起。(本特利,1908:211)。

本特利坚持认为,利益和集团是相同的。他还把利益和评价(valuation)相提并论;而他的观点是,每一个集团,正如它表现的那样,还表达了其评价或者利益。为了理解一个集团的利益是由什么组成的,严格的、经验主义的观察是很有必要的。比如说,像经济学家那样的进路,把某种客观的评价/利益分配给一个集团,就是不能允许的。"如果用经济学家们的术语,我们应该用某种'客观效用'来代替某个行为的实际利益,但是这样做,我们应该就步入歧途了,因为所谓的'客观效用'根本就不会出现。"(本特

利，1908：213）

在本特利看来，集团通常根据其他的集团来规定，从而，它们的利益也是根据其他的利益来决定的。通过这个观点，本特利的用意如下：比如说，奴隶集团的定义就不仅涉及奴隶主集团，还要涉及社会中的其他集团；相似地，比方说，工人的利益就是由雇主集团以及资本主义社会中的其他集团所决定的。

换句话说，对于本特利来讲，集团是社会的基本单位，因此，用它来解释发生的一切事情是有必要的。作为这个论点的一部分，本特利还否认这样的观念，即某些因素，比如"游戏规则"或者传统作为解释工具是有用的。（本特利，1908：219，318）本特利认为，这两者实际上只是某些活动或者集团利益的结果。比如，如果我们要解释集团是怎样随着时间穿越历史一步步地演化的，我们将面临一个情形，这个情形和解释为什么一支箭会按照某个路线飞行是相似的。本特利论述道，在它飞行路线的每一个点上，这支飞行之箭都是在它上面的作用力的结果，这并不是规则或者传统的结果。简而言之，正如通常显示的，利益才是关键的因素。

## 利益与社会形式(乔治·齐美尔)

乔治·齐美尔(1858—1918)通常被认为是现代性、社会性以及交叉社会循环理论方面的理论家,所以在讨论一个像利益这样"现实"的概念时提到他的名字多少会有些令人感到意外。然而,齐美尔确实在其社会学著作中讨论了利益,这包括《社会学》中的那篇重要的标题是《社会学的问题》的文章。在这篇文章以及其他的文章中,齐美尔提出了一个把利益整合进社会学理论的方法,这在当时是非常受欢迎的,也就是说,利益作为一种力量导致了社会结构的形成。

虽然齐美尔曾经审查过一本拉岑霍费尔的政治学著作,但是现在还不知道,他是否熟悉拉岑霍费尔有关利益的讨论。[弗里斯比(Frisby),2004]尽管如此,依然清楚的是齐美尔是在一般的进路中研究利益的,这就和拉岑霍费尔的著作在以下的意义上联系在了一起。首先,齐美尔认为利益是非常重要的:它们是人类行为,包括社会行为真正的动因。其次,齐美尔在本质上把利益看作是一种前社会形态的冲动或者驱使力。

然而，从这个观点开始，齐美尔在其论述中做出了一些小的但又是极其重要的变化，这一点就使得他的进路和拉岑霍费尔的大为不同了。还应该补充指出的是，齐美尔从来没有参与做过这样的事情，即列举出有哪些利益存在，它们应该被称作什么以及它们应该怎样排序。正如齐美尔看到的，利益驱使行为；而一旦这些利益变成社会的，这种行为就会表现为不同的存在形式（以及不同的称呼）。换句话说，利益提供了驱使行为的动力，而这些行为可以采取不同的社会形式，比如说劣位之势—优位之势（subordination-superordination）、竞争等。在这里，引用一下《社会学问题》中的主要表述：

> 社群（其实现的方式可以多种多样）是主要的组织形式，在社群之中个人成长起来，并结成一个联合体，在这个联合体中，他们的利益得到了实现。也正是在他们利益的基础之上——（这些利益可能是）感官上的或者理想的，暂时的或者永恒的，有意识的或者无意识的，有因果关系的或者是有目的的——个人才结成了这样的联合体。[齐美尔，（1908）1971：24]

在齐美尔的另一篇经典的文献《交际社会学》中，我们可以发现有关这个相同观念的一个相似的但却又更加吸引人的表达：

> 在一方面是个人，作为联合过程的载体，他们直观地存在着，经过这些过程他们组成了我们称之为"社会"的、更高级的联合体；在另一方面是利益，它们存在于个人中间，激发着这样的联合形式：经济的和理想的利益，好战的和好色的，信仰的和慈善的。为了满足这些强烈的愿望以及为了实现这些目的，就会出现数不清的社会交往形式，这些交往形式包括相互合作、互相奉献、相互结合、相互反对以及互相利用，而所有这些交往形式都会出现在国家和社区之中、教堂和经济组织之中、家庭和各种俱乐部之中。它们彼此之间哪怕是很小的作用都会给这些交往的形式带来问题，这就是我们所说的"事件"。冲动和利益也正是如此，它们存在于一个人的人生经历之中，并把他推向他人，从而带来了所有的联合形式，通过这些联合，一个个分离个人的总和就形成了"社会"。[齐美尔，(1911) 1997：120]

除了一个较次要的观点之外，在这个引用中齐美尔概括了他关于社会中利益角色的立场。也就是说，正如一种利益可以采取不同的社会交往形式来表达一样，不同的利益种类也可以采取一种相同的社会交往形式来表达。比如，经济利益和性（别）利益，这两者都可以采取竞争的形式；而政治利益和经济利益则可以根据，比如说，支配、冲突或者优位之势—劣位之势来表达。

因而，齐美尔的立场如下：利益驱使或者推动人类的行为，而某些行为由于涉及了互相作用就成了社会交往意义上的。社会行为被齐美尔理解为采取了不同的"社会交往形式"；而作为这些社交形式的实例，齐美尔提到了优位之势—劣位之势、冲突、竞争等。换句话说，把齐美尔和拉岑霍费尔、斯莫尔以及罗斯区分开来的东西并不是太多，但是有一些还是比较重要的，也就是说，利益，一旦成为社会世界的一部分，就会采取一种全新的、社会交往的形式。当利益这样做的时候，它们就会失去"利益"的名字，而从这个时候开始，利益就被专门指称为社会学的术语了。换句话说，利益虽然不见了，但是它仍然作为社会事件看不见的动因在发挥着作用。

# 作为社会学理论基础的利益
## （詹姆斯·科尔曼）

虽然在齐美尔和詹姆斯·科尔曼（1926—1995）之间跨越的年代距离很大——超过半个世纪，但是，他们在研究利益的路径上以及在社会学的解释中对待利益的角色问题上都有着明显的相似之处。比如，他们都赋予了利益一个非常重要的角色；利益是重要的驱动社会行为的力量。他们还都更愿意把利益转变成为社会交往的术语，而不仅仅由于利益自身的特性就把它用作一个社会学的概念。

科尔曼并没有受到齐美尔利益观念的影响，或者至少他并没有提到这些观念。另外，主要是基于阿尔伯特·赫什曼（1977，1986）的著作，科尔曼对于利益这一概念的历史轮廓是很熟悉的。除了这些之外，我们知道科尔曼研究过亚瑟·本特利的思想；同样在经济学中他也有着渊博的知识。

科尔曼大概是在二十世纪六十年代的某段时间里开始接受这个观念的，即对于社会学的分析来说利益应该处于中心的地位（科尔曼，1986：15），而直到他 1995 年去世，这一观念仍然深深地吸引着他。在《社会理论的基础》（1990）一书中，为了找到一个把利益的概念整合进社会学分析之中的路径，他付出了持之以恒的努力。这本书中核心的理论观点出现在第二章，这就意味着这些观点是出现在了第一章之后，而在第一章中却出现了著名的关于微观—宏观问题的分析。是不是由于科尔曼没有选择把他有关利益的讨论放在第一章，从而就导致了社会学家们对他有关这一主题的观点没有给予足够的重视，这一点还很难说清楚。无论如何这些观点都是很重要的，相当重要的原因是，由于科尔曼的确提出了一个新颖而又独特的、把利益的概念引进到社会学之中的路径。

在《社会理论的基础》的第二章中科尔曼引用了爱尔维修的观点，即正如在物理世界分析之中的运行规律一样，在道德（或者社会）世界的分析中利益应该占有同样的位置，并且科尔曼还补充说，这种见解很"接近"于自己的立场。（科尔曼，1986：28）利益构成了科尔曼社会行为理论真正的基础，而当他指出社会学家应该以利益的观念作为开端时，更确切地说是以行为者通常都努力使自己的利益最大化这个观点作为开端，并且这就是他行为的起点，这一点就显得尤其显而易见了。科尔曼提到了私利的最大化，这表明他的思想受到了经济学的影响。然而，科尔曼并不想把社会学转变成为经济学，他更愿意引进来一些经济学的观点，从而改善社会学。正如科尔曼支持把社会机构引进到经济学的分析中一样（可以参见他一篇文章的标题），我们可以说他要把利益引进到社会学的分析中来。（科尔曼，1984）

在《社会理论的基础》第二章中，科尔曼着手这一计划所采取的路径如下。行为者被假定为在某个对象或者事件中拥有某种利益存在，而为了满足这种利益，他还必须"控制"那些对其有益的"资源"。如果行为者的确控制了那些他感兴趣的资源，那就不会有社会行为发生了。然而，如果我们转向这样的情形，两个行为者对某些资源有兴趣，而这些资源却被其他的行为者控制，那么这两个行为者彼此之间就将互相作用、互相影响，进而在这里我们就有了科尔曼所谓的社会体系的术语。科尔曼用一个简单的图形说明了他的观点（参见图3.1）

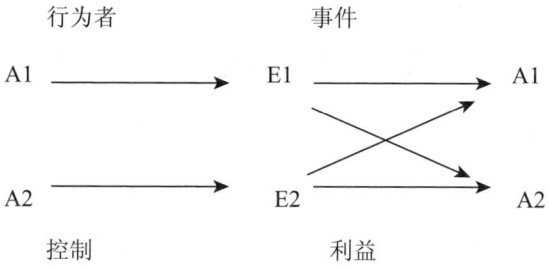

**3.1 科尔曼有关利益如何驱使社会行为的模型**

注：在《社会理论的基础》的第二章中，科尔曼给出了这个图表，用以说明利益是如何驱使社会中的相互影响的。在这个示意图中，主要的新颖之处是这个观点，即对于一个行为者来说，为了满足自己的利益，他需要控制那些对其有益的资源。

虽然科尔曼在其论述中采取了和齐美尔相同的步骤，即利益驱使着行为，而如果利益得到了满足，这种行为就将不得不是社会性的，但是在他们的论述之间还是存在着一些重要的不同。首先，为了更好地操作利益的观念，科尔曼引进了两个新的概念："控制"和"资源"。科尔曼也反对这样的观点，即利益在某种程度上是前社会形态的/心理学的，而为了这样做，就追随着经济学家们的指引。至于谈到行为准则的存在，科尔曼指出，在社会中这些准则无疑扮演着一个核心的角色，但是在这里，与社会学家们的倾向一刀两断也是势在必行的，因为社会学家们倾向于认为这些行为准则是想当然的，而至于为什么这些准则会首先存在,他们也没有给出一个论据。在科尔曼看来,为了这样做,可以采取的一个方法就是以利益作为开端,并从这里开始前进。简而言之,行为准则能够也应该和那些由利益驱使的行为联系起来。

在《社会理论的基础》第二章中,科尔曼表达自己观点的方式表明他想发展出一个以利益为基础的社会学,而这样做他采取的方法就是增加了控制和资源的观念。然而,这并不是他在《社会理论的基础》中的进路,而且尽管这部著作剩余的部分确实证实了作者试图在社会学中给利益分配一个核心的角色,但与之相反的是,这样做却采取了一种特别的方式,而这种方式和控制与资源几乎没有任何的关系。比如,社会资本就被定义为某种社会关系,而这种关系对于实现某种利益来说确是必需的。(科尔曼,1986)科尔曼对劳动市场和公司的分析主要吸收了代理理论,在科尔曼看来,这一点基本上是社会学的,因为它建立在经济人、资方以及一个第三方互动的基础之上。(科尔曼,1986)韦伯的官僚制理论也遭到了批评,因为员工不仅仅只是遵守秩序,从而其行为表现得像官僚一样;他们也有自己独特的利益。行为准则,在科尔曼看来,最终作为行为者为了实现其利益所付出

的有意识的努力的一部分得以形成。(科尔曼,1986：242,422)

虽然值得再一次地指出,在《社会理论的基础》第二章中科尔曼就如何把利益的概念引进到社会学中给出了自己的理论,而这一点在这本书的大部分章节中并没有得到使用,但是他依然应该得到赞誉,因为在对待利益的概念上,他做出了一个重要的努力,在对一系列重要主题的分析中,他都给利益以一个社会学意义的用法。除了刚刚提到的这些之外,对于科尔曼有关团体行为者以及他们利益的讨论,还应该给予特别的关注。虽然早期的社会学家们通常仅仅把利益分配给单个的行为者们或者是行为者的集合体,但是科尔曼却痴迷于这样的观点,即某个假想的行为者出现在中世纪,而在十九世纪则是作为一个法人的公司观念的出现。在科尔曼看来,现代公司观念是一个异常重要的社会发明。

## 进路2：作为社会生活中一种主要力量的利益

所有我们刚刚讨论过的社会学家,从拉岑霍费尔到科尔曼，他们都有着共同的认识，即他们都把利益看作是社会生活中的主要力量或者元素力量[①]；利益可以用来说明大多数的社会现象。这一观点以几种不同的方式被设计出来，比如，本特利就把社会生活看作完全是由集团利益所决定的；而齐美尔则排他性地认为，社会生活是由社会交往形式组成的，而所有的社会交往形式都是被利益驱使的。一些思想家把他们的认识和利益的前社会形态结合在一起，在那里利益是生物学或者心理学意义上的（拉岑霍费尔，斯摩尔，罗斯），而其他的思想家则把利益看作是社会交往意义上的，或者把它看作是一个和经济学家的路径有关的假设（本特利，科尔曼）。

  在这一部分中我们将要讨论的社会学家和拉岑霍费尔等人不同，因为他们不但把利益看作是社会生活中的主要力量，而且还尽力界定并详述了利益的角色。正如我们很快就要看到的，为了这样做，他们遵循的是不同的策略。马克斯·韦伯试图精确地指出社会生活的范围，在那里，利益，主要是经济利益扮演着一个关键的角色。与之相反，皮埃尔·布迪厄却把利益变成了其社会学一般理论的一个部分。韦伯和布

---

[①] 原文是德语：Urkraft。

迪厄的努力都可以被描述成为持续不断的，即使是出于社会学的目的，他们都没有关注利益的历史或者利益早期的使用路径。

韦伯使用"利益"这个术语非常频繁；在其著作中利益不仅出现在了很多不同的地方，而且利益也表现出了许多不同的意义。计算一下这个术语出现的频次就可以看得出来。在韦伯的著作中，利益和其相关的术语出现的频次是2786次，少于意义和其相关的术语（3426次），但是多于比如说行为（1511次）、文化（1207次）以及别的和社会学相关的单词（602次；韦伯，1999）。在这一部分中，我将把精力主要聚焦于韦伯在《经济与社会》中对利益的使用，因为在这里我们能够发现，韦伯非常专注于试图把利益引进到其社会学的范畴中来。在给出了韦伯关于利益如何能够在社会学中被使用的观念之后——基本上（韦伯认为）是通过把利益整合进不同的社会学概念之中，我还要对其（出现在其他的著作中的）著名的观点给出评论，即他认为，物质利益和观念的利益驱使着人类的行为，而观念有时候可以作为那些被利益所驱使的行为的"扳道工"而发挥作用。

## 《经济与社会》1：被利益驱使的常规行为

利益这个术语并没有出现在《经济与社会》第一章里那个至关重要的第一段中，在那里韦伯给出了他的一般社会学理论；同样利益也没有出现在那个附加在这一点上的、长达二十页并与之同等重要的注释中。然而，"利益"这个术语又确实在第一章的某个段落中扮演着一个显著的角色，即在第四段中，其标题为"行为取向的类型：习惯，习俗，利益制约的"。

根据这一段的观点，在社会生活中存在着某种经验意义上的一致性或者规律性，这一点对于社会学家来说是有很大利害关系的，因为它们包含着清晰的行为分类。这三种行为的类型分别是习惯的（或者常规的社会行为）、习俗的（或者说长期存在的社会行为）以及"受利益制约的"["基于利益的"①] 社会行为。针对这后一种规律性的类型，韦伯做出了如下的描述："如果和一旦它的经验存在的机会仅仅受到各个人的行为以同样的期望作为纯粹的目的合乎理性的取向所制约。"［韦伯，(1922) 1978：29］

---

① 此处原文是引用韦伯的原话，德语："bedingt durch Interessenlage ('Interessenbedingt')"。

第一，关于这个观点重要的是，韦伯把利益驱使的行为描述成为本质上是"合乎理性的"。通过使用这个术语，韦伯就把利益驱使的行为和在第二段（"社会行为的类型"）中呈现的社会行为的类型学联系在了一起。因此，利益驱使的行为应该被理解为合乎理性行为的集体形式。作为合乎理性的行为，其本质上也由两部分组成：（1）"行为者自身理性地追求与可以计算的目的"，以及（2）需要考虑进来的其他行为者和客体。[韦伯，（1922）1978：24] 针对这一点还应该补充说明的是，合乎理性的行为在原则上属于高度自觉性的行为，而按照这个观点，这种行为和"传统的社会行为"以及"受感情影响的社会行为"截然不同。与之相反，读者或许会想起价值合乎理性的行为，这种行为的特征由这样的事实所决定，即行为者主要是被那些有意识地考虑在内的价值所驱使的，而追求这种行为并不考虑是否会取得成就。

在其对社会行为解释的段落中，韦伯用市场来阐明了常规的行为，这种行为是被利益驱使的，也是集体的。如果一个市场的参与者是理性的，为了实现自己的经济利益，他将会针对其他的市场参与者以一种非个人的方式来确定自己行为的方向。而越是这样做——也就是说，这种行为越是朝向韦伯在第四段所说的"同样的期望"的方向——这种在市场中的行为就越是理性的和被利益驱使的。韦伯还指出，那些偏离了这种行为的人将会给自身带来伤害；他们还会给其他的行为者制造出困难来，从而会激起他们的愤怒。

对这种所谓的利益驱使的行为，韦伯还指出了一些有趣的特征。首先，在韦伯看来，这种类型的行为常常比那些适应于行为规范的行为更加坚定。或者，正如他指出的，这一类型的行为"都要比那些适应于一系列的行为规范和义务的行为更加具有稳定性，而这些规范和义务被认为是专注于集团中的个人"[韦伯，(1922) 1978：30]。

第二，韦伯的注释指出，经济学家们对这样的事实很感兴趣，即利益驱使的行为有很强的稳定性，这一点是具备规律性的。韦伯说，的确如此，这就是其中的一个情形，而这种情形使得"经济学[能够]成为一门科学"[韦伯，(1922) 1978：30]。当然了，边际效用经济学就是建立在利益驱使行为基础之上的——但是它却并没有提到行为规范驱使的或者是习俗的行为。

第三，韦伯补充指出，利益驱使的、常规的行为不仅在经济领域占据着相当显著的位置，而且"在所有其他的行为领域中"也能发现这样的行为。[韦伯，(1922) 1978：30]这一点是很重要的，因为这意味着利益驱使的行为不但可以出现在经济领域，而且也可以出现在政治领域、宗教领域、智力生活以及性生活领域。韦伯写道："这一类型的行为，它在他们的意识力和内心的无拘无束方面，与任何形式的在内心上要受制于服从纯粹的约定俗成的风俗，以及另一方面献身于价值合乎理性的信仰的准则，构成极端的对立。"[韦伯，(1922) 1978：30]因而，在这里可以用两层含义来刻画利益驱使行为的特征："清晰的意识"以及"不感到拘束"。

第四，韦伯建议，正如世界变得越来越理性一样，这种常见的利益驱使的行为也应该变得越来越普遍。这个观点不仅让我们回想起了托克维尔的论述，即利益对于民主制社会是核心的概念，但在贵族制社会，它却不是。韦伯继续论述道，习俗应该退出，应该被市场导向的或者相似类型的行为所代替。或者用韦伯的话来说就是："行为'理性化'过程的一个重要的因素,是用有计划地适应利害关系去取代内心服从约定俗成的习俗。"[韦伯,(1922)1978:30]在这里,韦伯通过提到"理性化的过程"结束了对于常见的利益驱使行为的讨论,这并不意味着必然就把在第四段中讨论过的工具理性行为包括在内,它还有可能是价值合乎理性的。这是一个非常重要的补充,以后在本书中我还会再次提到这一点。

第五,紧接着第四段韦伯指出了这样的观点,为了一种稳定性的目的,不能单纯地依靠利益(或者暴力),还必须要觉察到那些有效的或者有约束力的东西。[韦伯,(1922)1978:31—38]这种合法性,正如韦伯所称呼它的,往往通过行为规范产生作用,有时候也通过法律得到执行。基于合法的行为在大多数社会中的优势地位,对于韦伯而言,不言而喻的是,利益尤其应该是和行为规范紧密地联系在一起的。

## 《经济与社会》2:在联合的关系中或者联合体中利益的角色

正如在《经济与社会》第一章中的进展那样,在那里所涉及的社会现象变得日趋复杂,而韦伯也把他的分析从社会行为推进到了社会关系、组织等。这一点对于那些和利益有关的社会现象来说也是对的，这就像从第四段"行为导向的种类"推进到第九段"团体与联合的关系"中所显示的那样。[韦伯，(1922) 1978：40—43] 然而，根据《经济与社会》中的观点，一种团体的关系具备这样的特征，即其中所有的成员都有一种他们彼此隶属在一起的意识；而一种联合的关系其特征则由这样的一个事实所决定，即它依赖于一些能够理性地彼此适应或者保持彼此平衡的利益（社会化对共同体化①）。

韦伯指出，联合的关系或者联合体，其最纯粹的观点可以在以下三种形式中得到体现：(1) 市场交换（在那里相对抗的利益之间的妥协是很常见的）；(2) 建立在成员物质利益基础之上的目的联合体；以及 (3) 以价值合理性为动机的思想联合体。现代公司就是一个目的且以利益为基础的联合体实例，而这一点也适合于韦伯在《经济与社会》中的其他地方所提到的利益集团概念 [interessenverbände（利益集团）；韦伯，(1922) 1978：297—299]。另外，某个宗教的教派则是一个价值合理性的联合体

---

① 原文是德语：vergemeinschaftung versus vergesellschaftung。

实例。

韦伯强调指出，联合的关系或者联合体在本质上是冲突的，因为他们建立在彼此敌对的利益基础之上。这就意味着要么将出现妥协（正如在市场中那样），要么会出现持续不断的利益对立（正如在一个目的联合体中一样）。韦伯还指出，大多数的关系或者联合体在某种程度上其本性都是团体化意义上的，这包括那些初看起来是由单纯地、理性地追求经济利益所激发的社会关系。韦伯强调指出，"任何一种持续长时间的社会关系"都有共同的感情因素在里面，这包括那些在同一个车间、同一个办事处的社会关系。[韦伯，（1922）1978：41]然而，冲突将会在这种关系或者联合体中结束。

韦伯提到了理性的市场交易行为，并把它看作是联合的关系或者联合体的一个实例，而这一点让我们想起了他较早的时候在第四段中所讨论的利益驱使行为的规律性。然而，对于第九段中谈到的这类现象，这一点看起来并没有增添什么新意，除了韦伯在这里特别简短地专注于两个市场行为者彼此之间的相互作用之外。

但是，在第九段中韦伯还以一种重要的方式扩展了他对利益这一概念的使用。当谈到理性的以及利益驱使的行为能够形成某种具有永久性特征的某种实体时，这种实体韦伯称之为联盟[①]，而我们可以简单地把它翻译成组织。这些组织可能是价值合理性的，正如宗教教派一样；或者可能是工具理性的，正如公司一样，而看起来很明显的是，在当代社会中，后者比前者更加普遍，也比前者更加重要。

当谈到组织时，韦伯的术语是出了名的复杂，而在这一点上需要指出的是，为了增进一般的利益，也会形成一些政治组织，当然，国家是包含在这些政治组织之内的。一方面，韦伯在那些由经济利益所激发的关系和（形式上是）志愿的关系之间做出了一明确的、概念上的划分；另一方面，他也在那些由统治、权力以及暴力所主导的关系和那些被权威所统驭的关系之间做出了明确的、概念上的划分。但是，在这里要重复一下的是，这一点不应该转移我们的认识，即不但经济组织，而且很多其他类型的组织都是建立在利益基础之上的，而且——从一种更一般的意义上来说，这一点也不应该妨碍我们得出这个结论，即在现代社会中，利益驱使的行为对于大多数组织来

---

① 原文是德语：Verein（同盟、协会、社、组）。

说都是处于中心意义上的。

## 《经济与社会》3：在阶级和等级概念之中的利益

韦伯还指出，利益的概念也能在阶级这样的社会学范畴中扮演一个重要的角色。韦伯关于阶级的手稿主要可以在《经济与社会》的第四章中找到，同时也可以在这部著作准备丢弃的那个老卷本中的一章中找到，在这里这部著作被重新写就并做了简化。[韦伯，(1922) 1978：302—307，926—939] 因为在以这种观点推进自己的写作计划之前，韦伯就去世了，所以这两部分内容——他重新为第四章写就的以及这个老的版本，就都包含在了今天被我们所熟知的《经济与社会》之中。

虽然第四章中在讨论到阶级的过程中利益的概念是被考虑到的，但是在旧卷本的《经济与社会》中的那一章里，利益更加频繁地得到了使用（同时也更加容易研究）；因此在这里我将主要参考这后一个版本。在那里的第四章中，韦伯并没有更多地使用利益的概念，但是这一点不应该被理解为这就意味着韦伯最终意识到利益并没有像他一直所想的那样是有益的。利益的缺席在很大程度上是由于这样的一个事实,即因为他经常使用利益的观念,所以就没有必要总是使用利益这个单词。

在韦伯看来,现代阶级的概念专门地依赖于经济利益。在《经济与社会》中我们读到:"产生'阶级'的因素明确地说就是经济利益,而且可以确定的是,唯有利益才和市场的存在有关。"[韦伯,(1922) 1978:928]然而,与马克思不同的是,韦伯更多地把阶级看作是一个决定个人社会经济命运的因素,而不是一个其本意上的、集体的行为者组合。这就正如韦伯的那句著名的概括:一个个体在市场经济中属于哪一个阶级,这将会决定他或者她的"人生际遇"。

韦伯还讨论了马克思的阶级利益概念;而他的立场是,一旦你超越了这样一个一般的观点:大多数的人们享有同样的经济利益,所以其行为有可能以一种相似的方式呈现出来,这个概念就变得"模棱两可"了。[韦伯,(1922) 1978:928—929]另外,确实存在着几种因素,这些因素可以把一个阶级中单个成员的被利益驱使的行为引向不同的"方向"。[韦伯,(1922) 1978:929]这些因素中的其中一个就是单个劳动者的技能,即对于正被考虑之中的任务,他或者她是否拥有很高的天赋,还是仅仅具有平均水平的天赋,或者根本就没有任何天赋。[韦伯,(1922)1978:929]另外一个可以决定被利益驱使的行为方向的因素和行为者对于集体社会行为的可以利用的程度有关,即是一般程度上的,还是很大程度上的,而且还包括像工会这样的组织是否是存在的。

在离开对利益以及韦伯阶级概念的讨论之前,应该指出韦伯曾把阶级的概念和等级的概念做出过一个著名的对比。虽然前者是由经济利益和生产决定的,而后者却和荣誉、生活方式以及消费相关。正如存在着"阶级社会"一样,也存在着"等级社会"。[韦伯,(1922)1978:306]然而,如果我们看一下这重要的第四章,其标题是"等级集团和阶级",我们就还得指出,韦伯仅仅是在他对阶级的讨论中使用了利益的概念,而不是在他对等级的讨论之中。但是这一点绝不能被看作是这样一个信号,即利益在一个等级社会中就没有它在一个阶级社会中那样重要。从韦伯在《经济与社会》其他地方的分析中可以十分清晰地看出,人们对利益的斗争在一个等级社会中和在一个阶级社会中一样艰苦。在其著作中韦伯还在某个观点上使用了"等级利益"的表达形式。(比如韦伯, 1991: 16)换句话说,我们再次遭遇到了这样一种情形,在这里韦伯使用其他的语词代替了利益,而在这里"利益"这个术语的缺席,不应该被看作是利益这一观念的缺席。

在下一个部分,我将致力于韦伯著名的关于"物质和观念利益"的讨论,而相对于一个阶级社会,一个等级社会或许最好能被描述成为一种依赖于不同的利益联合体类型的社会。与一个阶级社会不同,在一个等级社会中,经济利益并不集中于市场,而是集中于再分配和相互关系的过程。在一个等级社会中,观念的利益还扮演着一个非常重要的角色,因为荣誉和生活方式处于中心的地位。

## 作为利益驱使行为的"扳道工"观念

当韦伯在1919—1920年间对《世界宗教的经济伦理》前言的原文进行修订的时候,他增加了下面这一段已经成为经典的表述:

> 不是观念,而是物质的和观念的利益直接支配着人们的行为。然而由"观念"所产生的

"世界的映像"常常像铁路上的扳道工人一样决定着人们行为的轨迹,而这些行为是处于利益动力的推动之下的。[韦伯,(1920)1946:280]

这一段话在有关韦伯的二次文献中得到了最多的引用和讨论,而且它还提出了一个至今都没有得到讨论的主题,即观念和利益的关系。这个主题的主要关注点我们可以称为是对于利益来说观念的双重关系。首先,观念并不是驱使或者激发人类行为的主要动力——利益却是。其次,一些观念可以把人们的行为定位在不同的方向上。这里韦伯的隐喻可以被重述如下:人类的行为,像一列全速前进的火车一样,是在利益的驱使下前进的——但是在其前进的某一个方向上,却是由扳道工决定的。

韦伯关于扳道工的引用对于其"观念和物质的利益"的表达也是很重要的。这是一个恰当的表述,因为它把我们的注意力引向了这样的一个事实,即在观念和(经济的)利益之间并不存在与生俱来的矛盾;而这两者都可以作为人类行为强大的驱使力量来发挥作用。还有一点看起来很明显,观念的利益在一些情形中——比如说在某些类型的政治和宗教的行为中——可能比经济利益的作用更强。在历史中我们很容易不时地发现这样的情形,即为了他们的信仰或者政治理想,人们选择了舍生取义,但没有一个人曾经听到过经济上的殉道者。

虽然有关扳道工的引用经常在有关韦伯的二次文献中得到讨论,而"物质和观念的利益"这一表达也经常在这种类型的作品中得到了评论,但是却几乎没有针对这样一个事实的讨论,即韦伯还在其作品中的许多其他的地方也使用了这一表达。作为一个研究者,韦伯最早的一个洞察是这样的,那些在德国易北河东部贫穷的农业工人由于占有着巨大的不动产,即使从经济利益的视角来看也是很可观的,但是他们依然更愿意选择移居到城市去,而那里的经济前景看起来是很糟糕的。韦伯说,驱使他们做出和自己经济利益相反的选择的是"自由的魔力"(韦伯,1994:8)。

在《经济与社会》中的很多地方,韦伯也使用了"物质和观念的利益"这一确切的表达以及与之非常相近的表达[确切的表达可以参见,比如韦伯,(1922)1978:246(出现两次),315,287,1129;非常相近的表达可以参见,比如韦伯,(1922)1978:202,224,264]。在这些地方,韦伯看起来要把这两种类型的利益概括为驱使人类行为的主要力量。然而,正如著名的扳道工的引用所提醒我们的,它们并不是唯一的力量;观念(在这里以宗教的形式出现)也必须被考虑在内。

这一点留给我们的启发是,韦伯似乎认为,利益的概念可以以两种不同的方式在社会学中得到使用。一方面,可以用它来建构一些特别的社会学概念,比如"阶级"以及"联合的关系"。另一方面,它也可以被用作一个速记,用以表明驱使人类行为的主要力量。然而这第二个用法特别地有着同义反复的嫌疑,为了避免这一点,韦伯在某种程度上把一个决定性的角色分配给了其他的因素,韦伯把这些因素概括为"观念",而这些观念也许不但包括宗教在内,还包括其他的一些观察世界的方式。韦伯的"观念"不但在不同的方向上有着驾驭行为的力量,而且它们也能在某些接合点上使人类的行为方向发生改变。

## 布迪厄

第二位重要的赞成以一种精确而又严格的方式来使用利益概念的社会学家是皮埃尔·布迪厄。在韦伯对利益概念的使用和布迪厄之间存在着一种联系。更

# 第三章 社会学家论利益

确切地说,布迪厄很早就开始了对韦伯的宗教社会学的研究,而韦伯对宗教利益的分析对他的影响尤其深刻。[布迪厄,(1971)1987] 正如布迪厄看到的,韦伯对利益的处理代表了一种有效的方式,以反对社会学中的理想主义,并且反对企图用一些心理学的概念,比如动机和冲动来解释社会现实。

布迪厄有关利益的主要文献由两篇简短的文章组成:《社会学家的利益》以及《无私的行为是可能的吗?》[布迪厄,(1981)1990,(1988)1998]。而这后一篇文献,尤其丰富而又有独创性,在论述上它和公认的布迪厄思想前言性的著作《实践与反思——反思社会学导引》[1](布迪厄和华康德,1992:115—120)中有关利益的部分非常相似,但是在表达上,它却比之更加尖锐。而谈到布迪厄有关宗教利益的观念以及他和韦伯的联系,读者尤其会提到这一文献,即《韦伯宗教社学中的合法性和结构性利益》[布迪厄,(1971)1987]。

在布迪厄的社会学中,利益概念的出现经常是和

---

[1] 原文是:*An Invitation to Reflexive Sociology*。中译本名为:[法]皮埃尔·布迪厄、[美]华康德:《实践与反思——反思社会学导引》,李猛、李康译,邓正来校,中央编译出版社1998年版。

对于习性以及场域的讨论紧密结合在一起的。这三个概念一起，再加上不同资本的观念，构成了布迪厄社会学的核心以及他用以针对所有主题的栅格（grid）。布迪厄主要的观念是，社会中的某些领域构成了一个带有它们自己基本规律的、独特的社会空间；在这些场域之中的所有成员都有一种建立在其早期经验基础之上的、独特的意向或者习性；只有有一种利益在里面，他们才会参与到一个场域之中。每一个场域都有其独特的利益；因此相应地有多少场域就会有多少种利益。作为场域的例子，布迪厄提到了宗教、经济以及文学的世界。相似地，就会有诸如宗教的利益、经济的利益、文学的利益等存在。

　　布迪厄小心地将其使用利益的方式和利益在经济学中的使用路径区分开来。他警告说，经济学家处理利益的方式使得"社会学的重要性变为零"，他也提到了经济人，并把它看作为一种"人类学的怪物"。（布迪厄，1993：77；2005：82）按照布迪厄的观点，有几个原因可以说明为什么应该避免使用经济学家对利益的使用路径。首先，经济学家们仅仅看到了一种类型的利益，而在现实中却有很多类型的利益。经济学家倾向于把他们自己特有的经济利益的模型应用到社会的所有其他领域中去，这一点布迪厄称之为"经济主义"［布迪厄，（1988）1998：83］。最后，经济学家错误地做出了这样的假设，即行为者以一种深思熟虑的方式专注于他们的利益，知道如何来实现这些利益，并且付诸行为。而布迪厄看待这一点的方式是，人们通过他们的习性来接近现实，这就意味着人们是以一种本能的方式而不是以一种有意识的方式在接近现实。布迪厄说，人们是在以一种合理的方式，而不是以一种理性的方式行动。

布迪厄利益的定义是一种原创性的，这不但和其他社会学家概念化利益的方式不同，而且也和早期的思想家不同。布迪厄认为，利益接近于这些术语：幻想、投资以及性本能。一个场域可以被描述为一场"社会游戏"，而只有那些进入这场游戏之中并想成为它的一个组成部分的行为者才会在里面展示一种利益。利益的对立面是漠不关心，或者是布迪厄以及斯多葛学派所谓的不动心。既然这样，你就不知道这场游戏的意义所在；它也根本就没有打动你。

从刚才提到的可以清楚地看出来，布迪厄思想的主要观点是，利益是社会的建构物。"人类学和比较历史学表明，合适而又有魔力的社会制度可以构成任何称之为利益的东西。"（布迪厄和华康德，1992：117）是否布迪厄的立场还意味着所有的利益都是社会的建构物，而不是任何别的东西，这一点并不是一样清楚的。一方面，在其对利益的讨论中，布迪厄提到"生物的本能"可以被刻画为"一种没有差别的冲动"而且通常可以转化为"社会的本能"；另一方面，如果某种需要在社会关系中得到了详细说明并且又是稳定的，那么使用"宗教的需要"这个术语才会是有意义的。[布迪厄，（1971）1987：122；（1988）1998：78]

对于利益的社会学分析来说，布迪厄所做出的第二个创造性的贡献和他关于无私的观念有关。在布迪厄看来，无私和对一个游戏漠不关心是不相同的。无私意味着你确实有一笔投资在某个社会游戏当中，但是这笔投资使得你对于那些在这个场域之外的人显得漠不关心。一个宗教的信徒可能表现出了对于金钱的完全漠不关心，这就正如一个贵族和一个艺术家所做的那样。对于一个信徒来说，重要的是他和上帝的关系；对于贵族来说，重要的是荣誉；而对于艺术家来说，重要的是艺术。

然而，在布迪厄看来，以上的信徒等人表现出来的无私实际上并不能表明，当你在你所属的某个特殊的场域追求某种利益时你也必须那样做。在《存在无私的行为吗？》中，布迪厄写道：

> 在《宫廷社会》的开头，诺贝特·伊里亚斯引用了这样一个例子：公爵给了他儿子一个装满钱的钱包。六个月后公爵问他的儿子，他夸口说根本没花那些钱，公爵一把拿过钱包，把它扔到窗外。这样他就给他的儿子了一个有关无私、免费以及高贵的教训；而这也是一个象征性资本投资的教训，在贵族统治的社会这一点是普遍适用的。[布迪厄，(1988) 1998：86]

## 进路3：几乎没有或者没有任何重要性的利益

虽然在社会学著作中很少能发现对于利益概念直接的抨击，但是这个概念实际上依然常常从分析中消失，而且往往被含蓄地看作几乎没有或者根本就没有任何重要性。也许这种忽略部分地和经济学的强势有关，在这个学科中倾向于把利益完全地等同于经济利益。按照传统来说，社会学家不喜欢贪婪和经济学家。而在现代社会学中也有一种倾向，即它倾向于认为，通过诸如社会关系、社会结构、网络等概念就能解释社会中正在发生的所有事实——也就是说，根本就没有提到利益。虽然关于这一点的一个实例就是所谓的关系社会学，但是还有其他的一些理论（比如埃米贝尔，1997）。

在现代社会学中对于利益概念的一个最知名的抨击可以在塔尔科特·帕森斯的著作中找到，尤其是在《社会行动的结构》（1937）中。这本著名的著作其主要的观点是，社会学已经非常成功地打破了那种把利益看作是社会科学分析的关键因素的功利主义传统，并且认为这是一个必须得坚持下去的、极其重要的发展。帕森斯指出，霍布斯意识到如果每个人都追逐他们自己的私利，那么就会有一场互相敌对的战争发生，而这就是为什么必须要有一个君主的原因。

然而，根据帕森斯的观点，很多其他的思想家反而追随着由洛克首创的路径，在这里倾向于假定人们为什么不必彼此战争就能够实现他们的利益，而这就是为什么没有互相敌对的战争的原因。帕森斯还认为，这种类型的解决秩序问题的途径依赖于一种"利益的自然同一性"的假定。[帕森斯,(1937)1968:96—97] 然而,洛克的途径遗漏了一个对于确保社会秩序来说是绝对必要的要素,而这就是行为规范。在帕森斯看来,规范构成了"权力的终极来源",而利益却是"一种脆弱的东西"。[帕森斯,(1937)1968:404]

针对利益观念的一个相似的敌见可以在约翰·梅耶尔(John Meyer)的著作中找到,在当代社会学中这是一位重要的人物。在一篇标题为《制度化的组织:作为神话和仪式的正式结构》的著名文章中,我们可以发现,一个论述围绕着一种非常特别的利益观点而展开。(梅耶尔和罗万,1977)在这里现代组织被认为是存在于这样的一个世界中,在此以一种理性的方式把利益考虑在内有很高的成本;而如果不这样做,组织的生存将会处于危险之中。然而,这样的一种利益和理性的思维方式是如此的脱离现实,以至于对于一个组织来说唯一的生存之道竟是,如果它愿意采纳的话,从其每天的实践当中剥离掉它正式的结构性特征。简言之,组织必须表现出只有一种特征(是"理性的"),但是实际上却还有别的特征。

保罗·迪马乔已经指出,梅耶尔和他的学派主要关注"利益—免费模型和解释",而这一点可以在梅耶尔试图对于随着帕森斯主义的衰退而强势复兴的功利主义的反应中找到其源头(迪马乔,1988:4)。迪马乔继续论述道,对于梅耶尔的计划积极的方面是,它成功地把注意力精确地定位在那些阻止人们确认出他们利益的因素上面。但是迪马乔还论述道,如果一个人按照这样的路径继续下去,那么梅耶尔的分析类型就只能被应用到很有限的主题中。恰恰是由于这个原因,新制度主义(正如这个路径被称呼的)应该更多地关注比如利益以及代理这样的主题。

然而,在其最近的著作中,梅耶尔选择的做法恰恰和迪马乔的建议是相反的,这样做的结果是利益从他的分析中完全消失了。今天梅耶尔的观点是,在社会科学的分析中,个人以及利益的概念并不是非常有益的;实际上,它们反而妨碍了这种分析。梅耶尔论述到,为了弄明白事情的关键所在,极其有必要的做法是超越于这两种范畴之外,并且意识到它们是一种非常特殊类型的西方文化的一部分,也就是说,那种在"二战"之后变得很流行的盎格鲁—美利坚源头的自由主义文化。"自由主义的典范使一个行为者(一个自我或者利益)合法化地成为一个抽象的而不是无内容的空间实体。"(梅耶尔和杰普森,2000:109)梅耶尔还提到,做出每个行为者都有着自己清晰的利益这样的假定,在分析的过程中会把这些利益变成"小神灵"。(梅耶尔,2000:239)

## 结　论

通过对拉岑霍费尔以及其他一些人的著作在本章中的说明可以看出,在过去的时间里,当谈到利益问题的时候,在社会学的文献中几乎没有连续性,从这个意义上就是说,社会学家们并没有意识到其他社会学家使用这个概念的路径。这一点本身就代表着一个问题;这一点也是在这一章中把不同种类的社会学家分成三个范畴,并且分别对它们详细展开论述的原因。

第一个策略——把利益看作是社会生活中主要的力量——可以被批评为是一种同义反复,因为在这里不存在其他的驱使人类行为的因素。或者换一种说法:通过假定每件事情的发生都是一种或者几种利益的结果,你就可以根据利益来重铸整个事态。这让我们想起了莫里哀一部戏剧中的那句著名的台词,在该剧中一个医生解释之所以鸦片能够使人入睡就是由于鸦片有"引人入睡的力量"［莫里哀，（1673）1907：328］。

几位赞同把利益看作是发生在社会生活中一切事情的主要动因的社会学家一方面未能在生物学和心理学领域划出一条正确的界限，另一方面也未能在社会的领域做到这一点。拉岑霍费尔、斯莫尔以及罗斯在这一点上是有责任的。这一路径的一个重要的缺陷是，它很容易就导致这样一个立场，即在那里一个以及一个相同的动因（在心理学—生物学领域）往往被用以说明很多的社会现象（在社会领域中）。

然而，这种赞成把利益看作是社会生活中的主要动力的认识也产生了一些丰富的观念，这些观念是值得占一个部分来讨论的。首先，罗斯试图把利益的概念和"社会动力"的概念联系在了一起，这是一个非常好的观念，因为在一个集体的层面上，利益暗示着能力和力量。与之相反，齐美尔认为所有社会形式的存在都是利益的结果——但在这个过程中却完全没有提到动力或者力量，而这两者却是被利益驱使的社会行为的特征。最后，虽然拉岑霍费尔、斯莫尔以及罗斯的著作在今天看来好像是过时的，但是这些著作和本特利以及科尔曼的作品还是不同的,他们的作品观点更加尖锐,也很值得阅读。

第二个策略——在社会学的解释中给利益分配了一个主要的角色,但是同时还有一些其他的因素和利益一起被提及——从而避免了同义反复的危险。而我们还能够看出来,虽然都把利益看作是几个因素中的一个因素,但是这一点在韦伯和布迪厄的著作中其表达的方式是非常之不同的。韦伯主要的策略是把社会学的概念集中在利益之上(比如,"行为一律是由自利决定的")或者让利益成为这些社会学概念的一个重要的组成部分(比如,"阶级"和"联合的关系")。按照这样的路径前进,韦伯成功地创造了几个有益的社会学概念。然而,韦伯对待利益的方式仍然不是完全令人满意的。比如他并没有解释被利益决定意味着什么,也没有解释按照这样的进路是否集为利益的意义就是不言而喻的。韦伯还以几种非常不同的方式在使用这个概念——不仅把利益看作是处于中心范围概念之中的几个因素中的一个,而且还把利益看作是社会中的主要驱使力量,最后还把利益用在了"物质和观念的利益"这一著名的表达中。

布迪厄对待利益的方式和韦伯的方式非常不同,

在某种意义上，他使利益成了他自己的一般社会学理论的一个有机的组成部分。换句话说，他把利益的概念定位在了某个层面上，在那里只有那些同样接受了他关于场域、习性等观念的社会学家们才能使用这个概念。更进一步地说，虽然每一个场域都有其自身的利益这个观点初看起来好像是有益的，但是在布迪厄的著作中却几乎没有关于当所有场域的利益相抵触的时候会发生什么情形的理论上的讨论。

然而，和韦伯相反的是，布迪厄确实提供了一个关于什么是利益的解释，而且他这样做采取了一种具有想象力的和独创性的方式。布迪厄还清楚地说明了一个在韦伯那里还只是含蓄表达的观点，即利益应该被概念化为社会的创造物。换句话说，在布迪厄的著作里，利益在生物学和心理学的领域之间的联系被切断了，而在他那里设定的是利益的一个纯粹的社会学分析场景，这一点就追随了涂尔干的格言——只有社会事实才应该被用于解释其他的社会事实。

最后，第三个策略——把利益看作是几乎没有或者根本就没有重要性——这是一个具有冒险性的认识，因为它把社会生活中发生的一切事情都简化为文化、价值、规范等。或许这样说是不会有事的，即塔尔科特·帕森斯和约翰·梅耶尔，他们都是社会系统论的思想家，都反对方法论意义上的个人主义，都对在社会学的解释中运用利益的观念充满敌意，而之所以会这样原因如下。一个以个人为研究起点的思想家必须面临解释一个个人如何才能够生存的问题，而这一点经常会导致一个对于工作、利益或者其他问题的讨论。与之相反，系统论的理论家以及整体论者并没有发现强调这个问题就是同样重要的，因为一个系统是一个抽象的实体，而且它本身就很容易导向成为一种完全从符号、文化等角度来分析的体系。

还应该指出，帕森斯和梅耶尔他们在对待利益的态度上都显得稍微有些矛盾，因为他们同时表现出了既反对它又赞成它的态度。比如，在《社会行动的结构》中，帕森斯一方面赞扬了韦伯宗教利益概念的用法，但在这同一本书中他又批评了一般的利益概念；而梅耶尔则一方面论述道，正式的组织常常是一个"理性的神话"，但同时他又说道，正是"效率标准"（即利益）驱使着正式的组织。他们之所以会这样矛盾，或许是由于他们追随着经济学家们的认识，把利益等同于了经济利益。

虽然在这一章中所讨论的社会学家们提出了几种

不同的路径，在这些路径中间利益的概念是能被整合进社会学的分析之中的，但是他们绝没有解决卷入到这一计划中的所有问题。他们也没有成功地把利益建构成为一个标准的社会学概念。一个现代的利益的定义看起来是怎样的？怎样才能把它用在经验的研究中，从而是可以操作的？以及它是如何与，比如说，制度的概念联系在一起的？这是一些将会在下一章中所讨论的问题。

# 第四章

# 作为活动和类比的利益

这一章围绕两个主题展开。首先，我将给出一些还没有提到的有关利益的观点，而正是由于这一点，才应该占用一部分内容来完成对其的讨论。其次，我将提出一种新的路径，并用它来分析研究利益的概念：这个术语对我们来说意味着什么，以及它怎样才能应用到社会科学的分析之中。

至于说到第一个任务，很显然必须得提到利益这一概念在现代经济学以及政治科学中的使用路径。简单地说，对于经济学来说，利益依旧是非常重要的，而且在这里还发现了一些关于利益的新的并且带有启发性的使用路径。在政治科学中，利益集团的观念已经成为了一个标准的概念，而利益也找到了自己整合进现代政治科学之中的其他路径。

为什么对于利益来说需要一个新的进路，而通过这样一个新的进路又能够解决什么问题，在这一章的后半部分这些问题将得到回答。我将会论述，在现代社会科学中利益应该继续成为一个关键的概念，而且由于诸多的原因，当前对利益概念化的努力仍是不能令人满意的。简单地说，需要采取一些措施把对利益的讨论从当前的层面转移到一个新的层面。我将努力这样做，而且我还将给出几个实例，以表明利益怎样能够被用来解决社会科学中的重要问题。我选择的这几个例子是：怎样能够确保客观性；制度的框架看起来像什么，以及是什么能够把观念转变成为强有力的社会动力。

## 在现代经济学中利益的角色

在二十世纪的进程中，经济学已经变成了一门非常成功的社会科学，这一点不仅仅体现在学术界以及公众的视野以内，还体现在社会中那些有权力的人们中间。基于利益的概念在经济学这一占据主导地位的路径中得到了理解,这就在学术界内外产生了几个后果。简单地说,已经发生的后果就是利益在今天主要被看作仅仅具有一种含义,而这一点就是在经济自利意义之上的经济利益。在这里可以引用阿马蒂亚·森最近著作(1997:xv)中的一句话来说明:"主流经济学的理论已经凝固在了单纯地追逐私利这个假设周围。"正如已经提到的,这整个的发展也已经把一个更加灵活、更加广阔的利益概念给终结了,而这一利益的传统在过去的几个世纪以来却一直沿用着。

但是同样也是事实的是,对于利益这一概念来说,现代经济学亦先锋性地给出了一些新的以及重要的使用途径,而所有的这些使用路径都依赖于这一观念——行为者排他性地是由经济利益所驱使的。在这一章里将会讨论一些这样的路径——比如明显的偏好理论、囚徒困境以及代理理论——但是也会涉及其他的理论。正如我看到的,这些新的发展毋庸置疑地表明了,当涉及利益的概念在社会科学中使用路径的革新时,正是经济学家站在了前沿。

根据一个著名的表达,现代经济学立基于"自利的岩石之上",但是有一些原因表明这一隐喻也许并不是最合适的一个（施蒂格勒，1975：237）。首先，经济学的发展已经经历了从主要关心个人的私利以及这种私利如何才能得到实现到成为分析家的一个观点，这个观点总结起来可以表述为"理性选择"。在现代经济学中，尤其重要的是行为者的这种理性的选择是建立在行为者对于各种类型的选择后果具有完备的知识基础之上的。其次，正如主流经济学已经凝固在这个假设周围一样，即在其经济的私利基础之上，行为主体能够做出一个理性的选择，关于这一观点的一些批评也呈现了出来。比如，经济行为主义者以及其他人已经表明，相对于岩石的隐喻所暗示的东西，这种理性的自利观点提供的是一个更加不稳定的基础。

从二十世纪七十年代起，在一系列的文章中，阿马蒂亚·森讨论到现代经济学倾向于在两种利益的观点之间犹豫不定，一种观点是利益被当作一个要实现的目标，另一种观点认为利益主要关注的是行为主体选择的形式上的特性（这一点尤其可以参见森，1986）。森解释到，在现代经济学中关于理性选择存在着两个主要的概念，一个主要着眼于行为者决定的内部一致性，而另一个则主要关注的是，对其利益来说行为者决定的外部呼应。就"内部一致性的进路"

来说，最关键的是行为者的偏好可以以一种有序的方式排列（传递性），以及就其选择来说，行为者拥有必备的信息等。（森，1986）相比较而言，"利益呼应的进路"则和一个外部的对象一起发挥作用：行为者有一种利益，而主要的关注点就是实现这一利益，或者更确切地说，就是去了解和行为者的利益相应的该怎样采取合适的决定。

在森看来，一致性的观点并不足以成为一种完备的理性理论的根基，其主要原因是由于这是一个空洞的标准。举例来说，在这个观点看来，那些一贯的非理性行为也将是完全理性的。至于说到利益呼应的进路，森认为这一点显得过于狭窄，因为它直接就把利益看作和利己主义是一致的。他的结论认为，在今天的经济学中需要的是一种更加广阔的利益呼应进路的见解。森把这种更为广阔的见解称为"呼应理性"（correspondence rationality），并且他认为这点具备这样的特征，即它不仅超越了经济自利，而且还包括其他的动机和特性。

"明显的偏好"这一理念是由保罗·萨缪尔森通过二十世纪三十年代和四十年代的两篇论文引进到经济学之中的。在对利益概念的讨论中把这个观念包含进来是很重要的，因为就利益概念在经济学的使用过程中所经历的变化来看，这一观念象征着一个重要的阶段。虽然经济学家在十九世纪是以利益作为其开端的，然而他们后来把利益改变成了效益，继而又改变成了边际效益。萨缪尔森的明显的偏好理论代表着一种断然地去除掉效益概念的企图，而且他是用偏好的概念代替了效益。在其从1938年起的带有先锋性质的论文中，萨缪尔森指出他要使"现代经济学"去除掉"效益分析的最后的痕迹"。(萨缪尔森，1938：62)

然而，萨缪尔森转到明显的偏好这个观念的理由并不像看起来那样的简单明了。一方面，很明显萨缪尔森要用偏好的观念代替效益。但同样是事实的是，如果偏好对于行为来说是同等意义的，那么一个人就可以完全摆脱偏好的观念，从而仅仅提及行为。然而，萨缪尔森明显的是要保留偏好的观念，但他又没有给他的新概念提供一种哲学的或者说知识论的基础——而对于这个论述来说，这一点就打开了一个人可以完全废弃它的大门。

把他的论述转译为关于利益的语言，萨缪尔森的立场可以做如下的描述。利益对于行为来说是同等意义的——但是利益也是决定或者理性选择的一种形式。明显的偏好这一概念是理性选择的一种形式，因为在萨缪尔森的表达中，对于这个概念来说非常重要的是——也就是说明显的偏好这个理论所依赖的基础——这样的一个观念，即对于不同种类的选择，做出一个明确的排列是可能的。换句话说，只有遇到某个合乎逻辑的标准，明显的偏好这一理论才是可能的，而在这其中可转移性是一个处于中心地位的标准。（萨缪尔森，1938）

萨缪尔森关于明显的偏好这一理论的文献在本质上是完全非经验主义的，但是它们又赞成一种行为主义者的立场；这些文献还彻底地排除了经济行为者对其行为是一种投资的观点。这就意味着萨缪尔森断然地终结了对利益概念的使用。如果不能确定全部是真相的话，现存的事实就是，经济学只应该涉及一件事情了。

基于所谓伪装的偏好的观点，一个有趣的见解投在了萨缪尔森明显的偏好这一理论之上。根据这一个由第默尔·库兰（1995）所引进的观点，一个行为者在公开场合所表现出来的偏好在某种情况下和那些他在私下的场合里所选择的偏好是不一样的。[1] 这样

---

[1] 参见 [美] 第默尔·库兰（Timur Kuran）：《偏好伪装的社会后果》，丁振寰、欧阳武译，长春出版社 2005 年版。

做的结果就产生了一种更为常见的现象,这就像同行压力以及常规行为的存在所提醒我们的那样。还有一个重要的事实就是,其他的行为者往往只对这些公开展现出来的偏好(公开的偏好)做出反应,而对那些隐藏在私底下的偏好(私密的偏好)却并不做出反应,这将会导致一些自身带有独特动力的集体现象。所以,萨缪尔森的行为等同于明显的偏好的观点,在一些情况下结果就是错误的,这一点可以得到经验的说明。由于其行为主义的立场,萨缪尔森的观点遭到了更深程度的破坏,尤其是它无视行为者对其行为投资这一含义的价值。

对于利益概念这种在主流经济学中的非常局限的使用路径来说,另外的一个已经对其提供新见解的理论是博弈论。现在的博弈论从"二战"之后得到了发展,在二十世纪七十年代和八十年代之间,博弈论在主流经济学中得到了普遍的认同。博弈论在几个重要的方面和经济学的分析不一样,而所有的这几点都和利益的概念有关。首先也是最重要的是,虽然经济人是一个独立的行为者,且只对价格(而不对其他人)做出反应,但是在博弈论中基本的分析单位是这样一个行为者,他的行为取决于其他行为者的行为。

更确切地说，行为者 $A$ 将要采取的策略依赖于其自身的那一组支付体系，而在这一体系中的每一种价值都直接与行为者 $B$ 采取的行动有关。从消极的方面来看，博弈理论辩解的展开明显地并没有参考经验主义的素材。其暗含的假设是这样的，真实生活之中的行为者面临着独特的策略，而且他们也知道他们各自的支付。而做出的这个假设是否就是现实主义的，这一点却在博弈论的文献中很少被讨论到。

换句话说，在博弈论中利益这一概念是以以下的路径来出现的：行为者需要一种尽可能高额的支付，而他也明白这一支付的价值直接取决于其他行为者的行为。就其本身来说，对于主流经济学这也代表着一个有趣的进步，因为利益在博弈论中是具有战略意义的，从而就再也不仅仅是一个参数了。然而，相比较这一点，博弈论和利益有更多的重要意义，而关于这一点，我们可以关注一下名为囚徒困境的博弈。

这个博弈所涉及的情形如下。两个犯重罪的人在监狱中被隔离关押起来，他们面临着一个选择：要么完全承认罪行，要么不承认。而基于他们选择的不同，最终判决他们在监狱内服刑的时间也不同。这个支付（在监狱里的服刑时间）就以这样一种方式和两种策略（完全认罪或者不承认）结合在了一起，即每一个人都追随着自己的利益（在监狱内服刑的时间尽可能地短）做出选择，因为如果他们的选择都不追随自己的利益的话，那么这两个人最终的结果都会更加糟糕（参看图4.1）。

|  |  | 囚徒2 | |
|---|---|---|---|
|  |  | 认罪 | 不认罪 |
| 囚徒1 | 认罪 | -10, -10 | 0, -20 |
|  | 不认罪 | -20, 0 | -2, -2 |

**图4.1　囚徒困境**

注：两个罪犯在监狱内彼此被隔离关押起来，而他们面临着如下的选择。他们可以承认犯的是一个重罪（这将会导致他们入狱20年），或者他们也可以承认犯的是较轻的罪行（这会让他们入狱两年时间）。然而，他们个人选择的结果依赖于另外一方的作为，因为揭发会得到首席检察官的奖赏（"这是一个美国故事"，森，1982：62）。这就意味着对这两个囚徒中的每一个人来说，最好的解决办法就是都不承认重罪（每个人都会入狱两年）。因为他们都会追随个人的利益做出选择，然而，如果他们承认的话——结果都会更坏（两个人都被判入狱10年）。

囚徒困境经常被看作是这样的一个博弈，即它表明在社会中有着这样的一些情形，在其间个人的理性必须给某种集体的同意让步，这种情形和著名的公共产品悲剧很相似。转译成利益的理论，这就意味着在一些情形中只有和其他行为者达成一致，个人的利益才能得到实现。

但是对于囚徒困境博弈来说还存在着另外的解释方式,而这是要把它看作某种情形之下的一个实例,在这里为了能够让行为者最大化地实现他们的个人利益,你必须得改变现存的制度。在这种特殊的场合之下,现存的制度指的是美国的带有地区检察官的司法体制,为了让罪犯讲出全部的真相并把同伙牵扯进来,这些检察官有权创制出一些激励措施。如果罪犯们能够见风使舵,制度毫无疑问将得到改变,以至于他们彼此之间可以互相沟通,以使他们的谎言互相配合,从而能够尽可能快地出狱。

因此,从利益理论的观点来看,囚徒困境的博弈吸引我们注意的就是为了利益的实现,制度的重要性。一个构建贫乏的制度将会阻止行为者实现他们的利益,而一个构建良好的制度将会促进利益的实现。还应该指出的是,这个见识对于经济人理论是一个补充,因为它假定行为者无论发现他们是在一个现代美国的司法之体制中,还是在一个他们更加认可的制度类型之中,他们都会追求自身利益的最大化。简单地说,囚徒困境,主要是制度的问题,对于利益的理论是一个补充,而这一点已经成为了现代经济学的一部分——但是它也确实没有挑战经济人理论的根基。

对于当代利益概念的讨论来说,由经济学家做出的代理理论构成了第三个贡献。这一理论类型非常灵活,能够被应用到大范围的主题之中,这也包括非经济类的主题。正如有许多关于利益的其他观点一样,代理理论源自于法律理论。[比如史柯奇(Schoch),1948]在法律理论中的主要问题,即很多世纪以来代理的概念被用来强调的是如下问题:一个人(经纪人)被另外的一个人(委托人)雇佣,以代表后者来接触第三个人。

然而,并不是法律思想家而是经济学家使得代理的概念在社会科学中凸显出来,而这一点是在二十世纪七十年代发生的。虽然在法律思想中强调的问题是如何概念化某种情形,在其中一个经纪人能够和第三方进入一个契约之中,也就是说,在这里依然约束着委托人,但是经济学家却把关注点转移到了处于代理—委托关系之中的其他联系之中。对他们来说,在代理中关键是以下的问题:当一个委托人雇用一个经纪人处理和他利益有关事宜的时候,假设经纪人也有其自己的利益,那么如何确保这一委托就真的能够实现呢?

经济学家也给出了一些方法，通过这些方法经纪人的利益更像委托人的利益一样能够得到保证（"利益阵线"）。其中的一个方法就是，为了确保经纪人是在委托人的利益之下而行动，需要为经纪人引进一些特殊的激励措施。另外的一个方法是，监控或者直接地制止以确保经纪人并没有偏离委托人的利益。

正如已经提到的，代理理论是如此的宽泛，以至于它可以被应用到大量的主题之中。经济学家主要是把它用来分析公司的运营情况，尤其是如何能够确保首席执行官（CEO）们在公司所有者的利益之下有效地开展工作，而不是给自己一些额外的津贴，以及通过其他的方式来优先考虑他们自己的利益。比如，在一篇有关这一问题的著名文章中就提出，如果要 CEO 们像公司的所有者一样的作为，那就必须给予他们像所有者一样的酬劳；而如果给他们的"待遇像对待官僚一样"，那么他们将采取"像官僚一样的行为"。（简森和默菲，1998：270）相比较 CEO 们，还有一些分析已经涉及了公司中的其他团体。比如说，工人已经被概念化为经纪人，他们和工头们一起扮演着监督者的角色；而销售人员也已经被看作是经纪人，为了确保使他们的利益和委托人的利益结合在一起，相对于他们的工资,他们还得到了一笔佣金。

代理理论这一观念的灵活性还可以通过最近对于信任的解释得到说明,在这里使用的观点是,经纪人的利益和委托人的利益完全没有交叠在一起。虽然大部分的代理理论专注于这样的观点,即委托人和经纪人部分利益没有交叠在一起,进而讨论了缺乏这种交叠可能会导致什么样的结果,有人甚至还反其道而行之,专门来讨论那部分交叠在一起的利益会带来什么样的后果。这一点是拉塞尔·哈丁(Russell Hardin)在最近的一本关于信任的著作中提到的观点,这本书围绕着这样的观念而展开论述,即"信任被看作是封装的利益"。(哈丁,2002)在这里基本的观点是,你之所以信任某人,是因为你认为其他人有一个好的理由来保持你们之间的友谊,从这个意义上就是说,把你的利益考虑在内其实正是他的利益所在。比如,一套房子的主人也许会有好的理由相信清洁工人将不会偷盗,因为清洁工需要一笔稳定的收入。简单地说,清洁工人是把房屋主人的利益"封装"进了(而没有偷窃)自己的利益之中。

代理理论有着一种普遍的适用性,这使得它可以很容易就把自己转移到其他的社会科学之中。比如,很容易就可以看出社会学和心理学如何能够给出一些其他的机制,而不是通过动机和监督等机制来使得委托人和代理人的利益结合在一起(比如通过不同种类的接合、识别等)。同样是在现代经济学中,代理理论也表明在某些情形之下使用"利益"这个术语是有意义的,而不是用更加明确的术语来代替它。

在现代经济学中利益的概念发生了什么变化这一讨论中,把对于自利这个假设的批评包含进来也是有必要的。这种批评要回溯到十九世纪,当时社会学家、历史学家以及叛逆的经济学家们都极其强烈地表达了这种批评。与之相反,在这里即将讨论的是最近主流经济学自身内部的一些挑战自利这一假设的尝试。这些批评家们的论述大多并不认为这个假设一直是错误的,进而应该抛弃它,但是他们认为很明显在某些情形中这个假设是错误的,而这些情形也是频繁出现的,这就使得对自利这个假设进行再讨论就是有充分理由的。

其中的一个批评来自于行为经济学领域,在最近这些年里它已经快速地成长为引人注目的学科。在行为经济学家的著作中能够发现一些反对这种不假思索的自利假设的论述,这些主要的观点他们称为厌恶损失（loss aversion）、心智会计（mental accounting）以及在经济生活中公平的角色［比如卡梅瑞（Camerer）、洛温斯坦（Loewenstein）和拉宾（Rabin，2004）］。厌恶损失是指这样的事实，即当卷入同样的一笔资金时，很明显地会发现人们更愿意选择避免损失而不是获得更少的收益。心智会计包含着这样的一些情形，在这些情形中同样数目的一笔钱得到了不同的对待，这要取决于行为者把这笔钱归到了什么样的心智范畴之中——比如暴利、辛苦挣得的薪水，等等。最后，公平以一种非常清晰的方式进入到了一些经济的交易之中。而有关这一点的一个实例将是这样的情形，即在一些公司中雇员被解雇了；虽然这一点在某些情形中看起来是能够接受的（比如当公司的经营状况很糟糕的时候），但是在其他的一些情形中这一点看起来就有些不公平了（比如当公司运行良好的时候）。

行为经济学经常被谴责为聚集了一些异常的事物，却没有建构起一套一般的经济学理论，而这一点某种程度上说也是事实。从对利益概念讨论的观点来说，还可以指出的是，行为经济学家基本上是按照心理学来解释其结果的，而他们的批评所针对的目标是那些被他们看作是经济学不现实的行为基础。在某种程度上，这种作为心理学家，而不是比方说社会学家的自我识别，也能够在那些行为经济学的实践者中间得到优先的反映，这些人从事的是试验而不是测量、比较等工作。

另外一个直接针对现代经济学中利益概念的、来自于主流经济学内部的批评，是建立在认同这个观念的基础之上的。在这里基本的观点是，当涉及要理解一个经济行为者的利益时，在某些情形中必须把一个人的认同考虑在内（比如，阿尔克罗夫和卡兰顿，2000）。照阿马蒂亚·森看来，一个行为者的认同由于下面的原因从而显得极具重要性：它能够影响"人们对其利益的看法以及人们的选择会产生的效果"（森，1986：74）。

因为在这一章后面的部分我还将会涉及森的认同概念，现在简单地解释一下这个最后的观点在他那里意味着什么也许是有益的。比如，森指出，在当代社会里也会存在这样的现象，即一个家庭的利益往往会在其成员个人的利益之上。相似地，在一个现代的公司中，一个人也会从一个团队成员的角度来看待自己的利益，而不是从一个追求利益最大化的个人的角度。而最后,一般地说人们在解释自己的利益上会更加不同,这取决于人们把他们自己看作是某个阶级的成员,还是某个社区的成员,等等。简单地说,森对于认同的主张指向的是社会的方向,但是对于行为经济学家来说心理学才是其主要的参考点。在森的论述中其因果关系是这样的,从社会语境到认同,从认同到利益的知觉,以及从利益的知觉到(理性的)选择。

## 在政治科学中利益的角色

当涉及经常使用利益这一概念的时候,除了经济学和社会学之外,最重要的社会科学就是政治科学。这个学科已经给出了一个非常成功的概念——利益集团,它已经成为了日常语言的一部分,基于它还出现了大量的经验研究文献。而对于利益这一概念来说,在政治科学中比在任何一个其他的社会科学中投入的讨论和分析都要多。这个最后的观点还包括经济学在内,即使利益的概念在普通经济学中扮演了一个比在一般政治科学的分析中更加重要的角色。

在接下来的部分中,我首先将要谈到的是利益集团的概念,然后会涉及公共选择,这个学派以一种和传统的政治科学非常不同的方式在使用利益的概念。最后我将给出两个实例,在对利益这一概念的讨论上,这两个绝对是属于有启发性的那一类型的例子,而这样的例子也只能在政治科学的文献中才能找到(读者如果对社会科学之外的利益讨论有兴趣,比如说在哲学中,可以参考弗兰克尔·保罗,米勒和保罗,1997)。

如果有一个人能够被称为利益集团之父的话,这个人一定是亚瑟·本特利,他的思想在第三章中作为讨论古斯塔夫·拉岑霍费尔著作的一部分也讨论到了。在《政府的过程》(1908)一书中,本特利打破了政治科学中关注制度和宪政的传统,反而强调了政治生活中集团的重要性。对于本特利来说,很明显这是他取得的一个重要的成就。然而,本特利提到的集团是在一般的意义之上而不是在政治的集团之上;而由于这个原因(和其他的一些原因),他的思想还不能立刻就转译为今天我们所熟知的利益集团研究。

复兴了本特利的思想,并且创作出了第一本关于利益集团著作的人是戴维·杜鲁门,这部著作就是

《政治过程》①（1951）。这部著作还激起了一股研究利益集团的热潮，而且它还使得这一类型的研究变成了美国政治科学的主要关注点。从这个观点来看，民主不仅仅意味着投票以及政府做了什么，公民通过组织利益集团也能够影响政治的进程。根据多元论的理论（这一理论在二十世纪五十年代和六十年代之间迎来了自己的全盛时期），在一个民主社会中，利益集团以及其他的政治集团互相平衡，它们一起为公民提供了表达的渠道［比如康纳利（Connolly），1960］；而对这一点的批评可以参见巴布斯（Balbus，1971）。

杜鲁门的著作无疑会有益于利益集团标准化定义的普及，在这里利益集团被看作是试图影响公共政策的某种集团或者组织。由于给了利益一个狭窄的、可操作性的定义，从而使得利益的概念变得非常地单调，基于此，利益集团的这个定义经常会遭到批评。为了尽量避免这一点，杜鲁门把"共同态度"这个概念引入到了利益的观念之中。在杜鲁门看来，一种态度并不必然会带来一种相互作用，而这就意味着当

---

① 这部著作的英文原名是：The Governmental Process: political interests and public opinion，国内已有中译本，参见［美］戴维·杜鲁门：《政治过程：政治利益与公共舆论》，陈尧译，天津人民出版社2005年版。而亚瑟·本特利的著作英文原名是：The Process of Government，我们译作了《政府的过程》。

## 第四章 作为活动和类比的利益

我们指出一个集团拥有某种利益的时候,我们不但要涉及通过其行为这一集团要表达的是什么,而且还要涉及这个集团愿意完成什么样的任务。杜鲁门对于利益集团完整的定义是这样的:"'利益集团'是指在其成员所持的共同态度的基础上,对社会上其他集团提出要求的集团,这样的团体旨在建立、维护或提升具有共同态度的行为方式。"(杜鲁门,1951:33)

根据最近的一项在政治科学中关于利益集团文献的调查,在美国这一类型的研究于二十世纪五十年代以及六十年代的前半段达到了顶峰。(鲍姆加特纳和里奇,1998)从那时以来,这方面的研究出现了衰退,而且已经从这一学科的中心滑落到了边缘的地位。然而,今天对利益集团的研究以及对于议员的游说行为仍在进行之中。在这个主题之上存在着大量当代的研究,这包括一些高质量的对于特殊利益集团的研究以及对于动员的进程所发生渠道的研究。尽管如此,当涉及理论问题以及占支配地位的范式问题时,利益集团就不再居于政治科学中的中心地位了。

虽然利益已经被用到了主流的政治哲学之中,在这里主要产生的是一个能够很容易地被用于经验研究的中间范围的概念（利益集团），但是利益也以一种非常不同的方式被运用到了政治分析的其他进路当中。这种进路指的就是公共选择理论的分析，在这里利益的使用就像在主流经济学中一样，也就是说，在这里利益被看作是所有分析类型的基础，这些分析都只把自利看作是一种驱使行为的动力。公共选择理论被称作是"不带遐想的政治学"，而这种说法很好地抓住了这一理论的一些精神实质。对于这一点还应该补充的是，虽然公共选择理论在分析上很强势，但是它仍然像经济学一样，在经验主义的论证上却是缺乏力量的。（比如勒温，1991）

当涉及对利益概念的讨论时，在公共选择理论的传统中，曼瑟尔·奥尔森的《集体行动的逻辑》是最为切题的研究。在这本名著中，奥尔森的论点是，出于维护自己利益的目的个人也许会组成一个集团，但即使如此，这样的一个集团也并不会组建成功，原因就在于对行为者来说，支持这种类型的计划并非他的利益所在。因为对于每一个单个的行为者来说，让其他人做这一工作，而他自己成为一个免费的"搭便车"者更加划算。奥尔森明确地批评了亚瑟·本特利的观点，他指出，《政府的过程》仅仅提到了集团利益而没有提到个人利益。他还论述道，只有一种办法能够创建出维护大量个体成员利益的组织，那就是把那些愿意偿付组织的人和那些不愿意这样做的人区分开。他论述道，这一点可以通过所谓的选择性的动机来做到。

《集体行动的逻辑》被认为是对利益集团研究的一次有力的抨击，也正是由于奥尔森使得这一类型的研究不再令人可信，从而被推到了这一学科的边缘。某种利益的存在并不会自动就导致某个利益集团的形成；后者首先要做的是动员自己的成员，而这却是一场艰难的战役，因为个人利益和集体利益不会自动地保持一致。奥尔森用他优雅的论述以及分析的强势确保了这部著作的成功。

但是奥尔森的论述也在几个方面遭遇到了批评。其中的一个批评就认为奥尔森未能涉及历史（比如赫什曼，1982）。而其他的批评进路则认为，关于"搭便车"者的论述没有把认同考虑在内。认同可以通过多种方式得到理解，而奥尔森的批评者们基本上认为认同和自利在性质上是不一样的东西，这就正如森对于认同论述一样，它并不是关于自利的另外一种说法。简单地说,认同,如果用韦伯的术语来表达的话,它指的就是价值理性的东西而非工具理性的东西。[比如皮佐诺(Pizzorno),1978;布鲁贝克(Brubaker);库珀(Cooper),2000]

另外一个对奥尔森论述的直接批评接近于行为经济学的立场,这种批评认为人们有时候会以一种理性的方式追随他们自己的利益,有时候却不这样做。然而,和行为经济学不同的是,奥尔森认为,在追求一个人利益的过程中理性的存在或者缺席被看作是某种社会进程的结果,而不是一种异常的现象。作为这一类型批评的一个实例,我们可以提到这样的研究成果,即虽然大多数人不会"搭便车",但是经济学系的学生却会这样做。[马维尔(Marwell)和埃姆斯(Ames),1981]换句话说,有关"搭便车"者的理论看起来却和那些已经接受了经济学知识的人更加适宜,这种知识认为人类以一种理性的方式付诸行为。

虽然奥尔森的研究一定会被看作是政治科学中的一个重要的成就,但是他的研究并没有对现代政治科学家有关利益的言论做出一个详尽的论述。特别地,我以为在过去几十年的政治科学文献中,我们可以发现有关利益这一概念的讨论。虽然经济学家在很大程度上把利益的意义看作是想当然的,而社会学家仅仅是偶尔才会讨论到这个概念,但是政治科学家却对于利益概念不同的使用路径做出了更加广泛的讨论,这其中就包括:是否以及如何才能使这个概念具有可操作性,如何改进这个概念,等等。为了对这一类型的文献做一个直观的了解,我将给出两个实例,一篇是威廉·康纳利的文章,另一篇是菲利普·施密特的文章。

在《政治学演说文集》① 中,威廉·康纳利用了一个很长而又重要的篇幅专门对当代政治科学和政治哲学中利益的使用情形进行了讨论。[康纳利,(1973)1993] 根据康纳利的观点,就这个问题来说存在着几个重要的进路,而每一个进路都有其优点和缺陷。其中的一个进路是把利益等同于政策偏好;而这一点已经成为了政治科学中论及利益时的最普遍的方式(1:"作为政策偏好的利益")。康纳利指出,按照这种进路进行下去,它将会以一种非常自然的方式导向经验的分析。从消极的方面来讲,这一路径未能领会到这样的一个事实,即某些政策措施的采纳是

---

① 英文原名是:*Theories of Political Discourse*。

出于道德的原因，而其他政策措施的选择却是出于自利的原因。在社会上也存着这样一些集团，由于这样或者那样的原因，这些集团未能表达出他们的政策偏好；这些集团表现得好像没有任何利益倾向一样，而在康纳利看来，这是错误的。

在政治科学中的另外一个概念化利益的路径来自于一种功利主义的观点（2："功利主义的利益"）。有关这个路径的一个说法可以在布赖恩·巴里（Brian Barry）的著作中找到，他认为，"如果某个事物能够增加一个人得到他想要的东西的机会——不管这个东西是什么"，那么这一事物就是这个人的利益所在。[康纳利，（1974）1993：53；可以比较巴里，1969：163] 而通过这样的方式来定义利益，你就可以，比如说，很容易来应付这样的情形，即某个行为者做某件事可能是出于道德的原因，而其他人这样做却可能是出于自利的原因。同时使用这个观点来处理这样的情形也就变得是可能的了，在这里一个行为者误解了自己的利益，因此他的行为最终导致没有任何结果。另外，对于巴里的路径来说，一个明显的缺点是它没有考虑到这样的事实，即有些行为的付诸却是出于利益之外的其他原因，比如说友谊以及信任。正

# 第四章 作为活动和类比的利益

如康纳里所指出的,巴里采取的是一种常见的立场——他认为友谊和信任能够用自利来充分地概念化,而这一点无疑是错误的。

那么利益更应该被定义为需要吗?康纳利认为这一进路存在着一些优势,比如说,这一进路使得在两种需要之间划出一条清晰的界限变得更加容易了,这两种需要一方面是自私自利的需要,而另一方面则是一个人对于友谊、爱情等的需要(3:"作为满足需要的利益")。但是在康纳里看来,这种把利益的概念看成是需要的观点也有缺陷。虽然确定人类的基本需要也许是相对容易的,但是一旦涉及其他人的需要,这个操作就会变得非常困难了。康纳利说,这种需要的路径也是有问题的,因为它排除了每个行为者对于他所面临的选择都有能力做出推理的观点。

这种反思的能力对于康纳利来说是非常重要的,他认为这种能力必须成为概念化利益路径的一部分。而只有当这一点是事实的时候,我们才会能够明白一个行为者他真正的利益是什么(4:"真实的利益")。而发现这些利益可以通过以下的进路来展开。让我们想象有这样的一个情形,在这里行为者预先已经知道了大量公开的策略的结果；那么他就能够做出一个正确的选择，从而实现他的真实利益。

退一步说，虽然这种概念化真实利益的途径是有问题的，但是由于给利益的讨论带来了反事实的逻辑，康纳利依然应该得到赞誉。

至于我谈到的第二个政治科学家著作的实例，这篇文章也包含着一个关于利益概念的重要讨论，我选择的是菲利普·施密特在二十世纪八十年代早期的一篇没有发表的关于利益政治学的论文（施密特，1981）。施密特的学术成就主要和所谓的有组织的利益（organized interests）相关，这一类型的组织以一种和利益集团不同的、特殊的方式被概念化。有组织的利益在数量上比利益集团更少，而且它持续的时间也更长；特别地，在这里主要的行为者包括劳资双方在内。此外，虽然有组织的利益常常是与一种和社团主义以及现实政治的社会化观点联系在一起的，但是利益集团却倾向于和一种政治学的多元论进路以及一种现实的自由主义的观点联系在一起（比如伯杰，1981）。

正如康纳利的论文一样，施密特的这篇有关利益政治学理论的论文包含着一个对于政治科学中现存的

# 第四章 作为活动和类比的利益

利益概念研究进路的讨论，同时也包含着施密特给出一个新的研究进路的努力。比如说，现在有关利益的理论因为这样的一些理由而遭到批评，即它们要么在可操作性上达到了理论空虚的程度，要么虽然推理以一种实质性的方式而展开，但是却很难运用到经验的研究之中。在施密特看来，一个人可以用一些其他的现象，比如说需要或者要求来定义利益的观点也是徒劳无益的；之所以会这样，是因为利益从本质上说基本上是过程意义上的。

施密特自己对于一个改进的利益概念的建议也许看起来在本质上完全是过程意义的。在这里主要的观点是，人类有许多不同的需要，而这些需要通过相继的不同阶段一定会被限制从而减少。施密特认为，分析者应该以需要作为起点，进而从这些需要到利益，然后从利益开始到关心，从关心再到行为，最后从行为到联合。他把这种从需要到行为再到联合的分阶段的缩图描述成了一个漏斗的形状（参见图4.2）。施密特补充道，我们必须把这些步骤在理论上的次序和它们在历史中发生的次序区别开来。虽然在这个漏斗中需要在利益的前面，但是特别地，在历史中却是利益塑造了需要。

需要

利　　　　　　　益

关　　　心

行　　为

联合

有组织的

特权利益调解

**图 4.2　施密特的利益漏斗**

注：在施密特看来，探讨分析有组织的利益的一个途径是把利益的观念概念化为一种漏斗。从这个观点来看，利益的分析从本质上说基本上是过程意义上的。分析者从大量的需要出发，然后从这些需要开始，经过连续的、更加具体的步骤，到达行为，而这个过程可以经由利益组织调解。

来源：施密特（1981）。

施密特关于利益是一个更大过程（这一过程被塑造成了像一个漏斗）的一部分的理论，对于利益来说有很多积极的特征。比如说，在这里利益以一种复杂的方式成为社会性的了。根据施密特的观点，虽然需要是个人意义上的，但是它们必须得转译为利益，而这些利益却完全是社会性的：

利益，在这一术语的几种意义上讲，都是社会性的。一般来说，利益都包括和其他人的相互作用——双方是合作的或者是敌对的，因此利益建基之上的因果关系理论必须得把其他人的行为考虑在内。必须得假定其他人也在反思他们的需要，也在定义他们的利益。从这一属于过去的经验和预先反应的广义的"利益博弈"中，用马克斯·韦伯的话来说，理论家/评价者必须得识别出（在有限的知识、时间等的范围以内）适当的利益。（施密特，1981：23）

最后，通过利益必须被看作是"对需要的反思"（施密特，1981：20）这样的论点，施密特再一次强调了利益的反思的维度。相似地，施密特所谓的"关心"就被定义为"行为者对其利益的反思"（施密特，1981：47）。与之相反的是，那些由风俗、强烈的感情或者道德义务所激发的行为则缺乏反思的因素。简单来说，利益和关心在某种程度上是被反思所驱使的。

## 将利益的讨论转向一个新的方向

正如我看到的，当涉及今天的社会学文献中利益的概念时，康纳里和施密特的著作对于这个现状进行了反思。他们两个人也都同意这个概念需要得到改进，尤其是它被定义或者概念化的方式。然而，在他们的讨论中，康纳利和施密特所做的也只有这些了。康纳利认为，为了能知道其真实的利益是什么，一个行为者必须得知道他选择策略的最终结果是什么，这一点明显是不现实的。由于诸多原因，人们不可能知道他们行为的结果，因此，必须得抛弃康纳里的观点。

虽然施密特关于利益过程的进路避免了被认为是不现实，但是这个进路仍然有一些其他的缺点。其中的一个缺点就是，施密特运用的因果链太长了——从需要到利益，到关心，再到行为，等等——这一点本身就减少了其论述的力量。还有一个这样的事实，那就是如果在一个经验的研究中遵循施密特的进路，最终有可能你看到的仅仅是漏斗最后的部分（关心，行为，联合）；而之所以会这样，原因就是更早的部分距离现实中发生的事情太遥远了（利益，需要）。最后，一个像需要这样的概念也过时了，因而使用这样的概念就很难发挥作用。

那么，我们该怎样前进呢？我个人的观点是，发

## 第四章 作为活动和类比的利益

展利益的概念或者看待利益的方式,从而毅然决然地打破诸如要求、需要等过时的观念是很重要的;而把一种思考的进路应用到更加适合二十一世纪的利益概念中也是很重要的。一种新的看待利益的方式应该能够完美地保留现在利益观念中丰富而又积极的东西——但是又要抛弃其余的东西。

确定一个概念含义的传统方式是按照一个或者几个其他的概念来定义这个概念,然后就从这里进展下去。然而,这种处理一个概念的方式和构成一个单词或者概念含义的相关知识的当前状态却是背道而驰的。某种一一对应的理念很长时间以来已经被抛弃了,因此任何一个单词的含义都是很难明确的就是不言而喻了。含义有其自身独特的、不能被忽视的现象学;而这一点对于利益的概念来说尤其正确,因为几个世纪以来这个概念一直是众多语境的一部分。

为了避免定义一个概念的那种过时的方法,在《哲学研究》中维特根斯坦给出了一种新的途径。这就是说,着眼于一个术语的使用,然后照这样逐渐接近其含义。这样的一个进路在今天的社会科学中是我们所熟知的,而相对于那种一一对应的定义类型以及一个人总能给出一个概念的确切定义的观念,这个进路无疑是更加可取的。然而，从消极的方面来说，也有这样的事实，即因为在利益的概念上有太多不同的使用路径，以至于一个人试图要确定这些路径时，他也不可能太过偏离主题。而一个更加复杂的问题是，相比较看起来能够确定一个概念的诸多用法以及这些用法的意义，这一进路才是更有问题的。

然而，为了进展下去，《哲学研究》又给出了一个不同的路径，尽管这部著作只是含蓄地提到了这一点。这就是通过类比来开展工作，就维特根斯坦来说，为了了解语言中的含义，可以把它比作是一个特殊的社会活动，也就说这是一个游戏。通过指出这样的事实，即"说话［像一个游戏一样］是一项活动的一部分，或者说是一种生活方式的一部分"［维特根斯坦，(1953) 1958：11；补充强调指出］，维特根斯坦引进了语言游戏的观念。遵循着这样的路径前进，相似地我将论述道，一个更好地把握利益含义的路径或许就是把类比引进到利益之中，这一点同样是"活动的一部分，或者说是一种生活方式的一部分"。

类比，这一为了理解利益我想到的特殊的活动或者生活方式，就是指的遵循一个路标的情形。利益的概念试图把握的情形包括这些因素在内：行为者、一个路标以及遵循这个路标的指示所付出的行动。顺便说一句，在《哲学研究》中维特根斯坦也使用了"路标"（Wegweiser[①]）这个术语，但是我们是在一种不同的意义上使用这个术语的。在这里我把类比看作是遵循着某个路标的，这只是我试图在一种独特的活动意义上理解利益这一概念含义的一部分，但是维特根斯坦引进路标这个术语却是为了表明这样的观点，即组成一个语言游戏的规则是开放的，这些规则只能适用一些情形，而不能适用所有的情形。就像一个路标，看起来好像能给出一个去向哪里的正确的方向，但是实际上它只是指出了一个一般的方向，而那些运用语言的规则看起来能够适用所有可能的情形，但实际上也只能适用其中的一些情形。[维特根斯坦，(1953) 1958：39—40]

正如刚刚提到的，维特根斯坦使用语言游戏的类比试图指出，某些事物的含义并不是来自于这样的事实，即一个单词总能代表或者反映一部分特殊的事实（从这里这个单词就获得了其含义）。含义毋宁是一项活动的一部分，或者说含义是一种不仅仅包含着单词的事物（"说话是一项活动的一部分，或者说是一

---

[①] Wegweiser：德语，相当于英语的 Signpost；路标。

种生活方式的一部分")。相似地,引进行为者遵循一个路标的类比也不是为了以某种方式来把握"利益"这个单词的本质,而是为了指出可以在某种类型的活动中发现利益的含义。

在这个最后的观点中,有两点需要说明。第一,强调指出这一点是至关重要的——而维特根斯坦并没有做到这一点——即行为者遵循某个方向前进所做出一些的决定,就像这个单词经常被理解的那样,并不仅仅是一些"活动",而且它们还往往意味着行为者实际上已经全身心地按这个方向前进了。当行为者决定追逐他们"利益"的时候,他们乐意这样做,他们的身体也处于紧张的状态,而恰恰是这一点给他们的努力提供了动力以及一种存在主义的维度。简单地说,"追逐利益"意味着语言和行为一起行动,因此这两者也必须一起被分析。[欧伊卡登(Øygarden),2000]利益没有身体行为的介入就会成为纯粹的精神行为,由此在这里用"有趣的"(interesting)这个单词——正如读一本有趣的书一样的——就更为合适了。

第二,在我所建议的类比中,行为者被假定为拥有一种清晰而又特别的意识水平,这就正如他们追随着某个符号前进这一事实所显示的。正如我马上就要详细论述到的，如果利益意味着人们做某些事情时身体和精神都一起行动的话，那么他们也就必须得有一种特殊的思维定式，以确保这类行为具备一个"利益"的资格。

在这里构成一个类比情形的三个关键的组成部分是行为者、路标以及按照路标指示的方向所采取的行动。然而，行为者也可能被其他的一些动力所激励，比如习惯、传统以及感情，在这些因素中他们的利益对他们行为的影响力是很低的，因此并不能以之来解释行为的方向。在这种情形下，你做某件事情要么是因为你习惯这样做，要么是因为这样做是出于传统，等等。在早期的社会中，这一点大概经常就是事实，因为在当时传统的力量很强大，因此传统几乎不会遭遇到挑战。而行为者越是意识到他们有着自己独特的利益，他们将越会尝试着以一种深思熟虑的方式来实现这些利益。他们将努力了解自己的利益是什么以及该对这些利益做什么——简单地说就是，为了实现自己的利益，他们将会努力来找出需要前进的方向。

因此，只有那些知道自己的利益并且要实现这些利益的行为者才会遵循一个路标的指示。行为者一定会使他们的行为适应路标的指示，而这也就意味着他们有能力来决定自己是否要追随路标的指示前进。大多数人会选择一般的方向，但一些人将不这样做。同样的事实是，路标和利益的种类是一样多的：宗教的、经济的、政治的、性别的利益，等等。行为者也许会朝着许多的方向前进，而一个完全是私密的利益将比一个被公开得到承认的利益更加难以实现。

路标有一种物质性，或者说单个行为者纯粹的精神活动缺乏对路标的抵抗力。这一点可以从这样一种意义上得到理解，即一个路标意味着在单个行为者及其直接的控制之外的东西，即使它依然是其他行为者的创造物。任何的在单个行为者控制之外的社会性事物都将会有这样一种客观性的特征，而从单个行为者这一面来讲，这样的事物还表现出一种对变革的抵制。作为一个社会事实，伴随着对于路标的抵制而来的合法性问题对于这种客观性来说是一个补充，而这种合法性已经存在了很长时间。

单个的行为者试图追随并实现自己的利益，但是为了这样做，他也许会弄错自己前进所需要把握的方向。你不但必须要决定自己所找的路标，而且你还必须制定出正确的路线，而每一个个人都必须独自做到这一点。重复一下,虽然相对于我来说,维特根斯坦使用路标这样一个类比是出于不同的目的,但是他谈到的有关路标含糊性的观点依然是中肯的。在《哲学研究》看来:

> 一条规则放在哪儿就像一个路标。——是不是路标能使我对我应当走的路没有怀疑?在我经过它时,它是不是能给我指明我应该采取的方向?是沿着大道,还是小道,还是横穿田野?……而且当路标不只是单独的一个而是接连的一串,或者是画在地上的一串粉笔线——是不是只有一种方式来解释它们?——因此,我可以说,路标归根到底的确没有留下任何怀疑的余地。或者毋宁说:它有时留有怀疑的余地,有时则没有。这样一来,这就不再是一个哲学命题,而是一个经验命题了。[维特根斯坦,(1953)1958:39—40]

这就再一次指向了社会干预介入了试图实现利益的过程这个观点。依赖于社会、集团等这些由行为者所构成的组织,他们很自然地就将选取一条道路而不会选择别的道路。而为了找到这条道路,他们还将必须得咨询同路上的其他行为者——这就是又一个社会变得重要的观点。

很明显,为了找到他们的道路,行为者们必须有某种心理的部署,这就正如他们需要有某种心理的部署以确定他们的利益是什么以及他们要实现这些利益一样。这种心理的状态在韦伯对利益的讨论中以一种带有启发性的方式被描述成为一种"清晰的意识以及内心自由"的形式["Bewusstheit und inneren Ungebundenheit[1]";韦伯,(1922)1972:15]。另外的一个对于这种意识的描述是说,为了确保思考和行为都以一种深思熟虑的方式进行,这种意识是由某种心理变化和心理准备(以及能力)所组成的。而对于这种意识和自由来说,这很明显就再一次显示了其社会性的尺度:你只能在某些情况下完善它,而它也仅仅存在于某些团体和社会群体中。

正如有很多指向不同方向的路标一样,一旦你决定要去那里,也会存在着许多不同的前进道路。基于这样的事实存在,即在对利益的讨论中,注意力几乎

---

[1] 德语"Bewusstheit und inneren Ungebundenheit",相当于英语"Awareness and inner freedom"。

## 第四章 作为活动和类比的利益

常常局限在一种单一类型的利益——私利之上，这种利益以一种工具性的方式和行为联系在一起——因此指出还存在着完全不同类型的意识和内心自由这一点是很重要的。选取这样一条道路的是这样一些行为者，他们的目标被看作是他们一生的终点（价值），这些目标是如此的重要，以至于他们根本不管有没有成功的可能性，而为了实现这些目标也要付出努力。你的目标或许是由上帝或者其他的神灵给定的。因此，正如有着工具理性和价值理性的社会行为一样（韦伯），利益也可以被看作是工具理性以及价值理性的。按照这样的进路前进，利益的概念就得到了扩展，从而也就变得更加接近它曾经拥有的含义了（"观念的和物质的利益"）。

最后，很多行为者努力实现他们利益的最终结果是带来了一系列的问题，而仅仅看到单个的行为者及其行为，这些问题是无法得到回答的。当很多的行为者按照相同的方向前进时，作为集体过程的结果，一些模式被创造出来，而新的利益也会出现。在这一点上韦伯的著作，尤其是他的宗教社会学仍是有启发性的。很多行为者可能带着同样的目标开始了他们的宗教之旅——为了达到灵魂得救——这一点既是为了他们生活于其间的社会也是为了他们自身,但是最终的结果却可能非常的不同。在众多其他因素中,将会出现什么样的结果取决于扳道工所从事的工作。根据新教伦理的观点,通过加强传统的经济尺度,天主教徒灵魂上的努力使得人们接受了死亡,这就与禁欲的新教徒通过加强其动力的尺度所付出的相同的努力而接受了死亡是一样的。

当很多个人的利益集合在一起的时候,很明显一些无意识的结果将开始增多。当这种情况发生时,上文我运用韦伯的宗教社会学指出了一条进路;你们注意到在这一进路中,宗教的和经济的活动结合在了一起。另外的一个进路可以到托马斯·谢林的著作中来找,我们可以吸收其关于微观的动机如何可以转变成为不同种类的宏观行为的很多建议。(谢林,1978)更一般地来讲,在对利益的讨论中,有这样的一个观点,在这里你必须得引入社会机制的观念(例如,赫德斯特罗姆和斯威德伯格,1998)。

## 三个例子

在结束这本小册子之前,通过给出一些例子,我

## 第四章 作为活动和类比的利益

将继续关注利益的概念,在这里可以用它来解决一些重要的社会科学问题。正如我看到的,利益的概念仍然需要给予很多的关注,而其潜在的含义也绝没有言尽。我选择的第一个例子和一些制度以及这些制度应该怎样被概念化有关;第二个例子涉及这样的一些情形,在这里观念能够转变成强大的社会动力;第三个例子是关于客观性问题的以及怎样才能确保这种客观性。我还要尽力来表明,这些例子是如何来说明把利益看作是独特的"活动或者生活方式"(维特根斯坦)是中肯的。

我要提出批评并要尽力改善的制度定义是对其标准化的描述,这样的定义可以在政治科学、社会学以及某种程度上也可以在经济学中找到。其基本的观点是一个制度由一系列的规则组成;行为者遵守这些规则;这些规则有正式的也有非正式的。对于这种定义,我认为有问题的恰恰是它并没有提到利益,而仅仅提到了规则。如果把利益从这个场景中排除掉,那么任何由规则所统驭的行为都必须被看作是一个制度了,这就包括一场舞会、一种问候的方式或者你擤鼻涕的方式。正如我看到的,这样的进路使得制度的观念变得无足轻重,而它还含蓄地论述道,只是由于规则的存在以及一种遵守规则的愿望,人们才会做他们要做的事情。

然而,一旦把利益引进这个场景当中,制度在数量上虽然变得少了,但是对于人们的主要关切点来说,制度也就更加具有相关性了。制度,我建议可以暂时被看作是如何实现利益的规则。在任何一个社会中都包括政治的和经济的利益;还有再生产的利益(通过家庭的制度得到实现)以及宗教和相似的利益(通过宗教的和相似的组织得到实现)。特别地,对于社会的技能来说,利益被看得是如此的重要,以至于它们以法律的形式得到了规制。为了真正的有效果,制度也需要合法化,而这一点基本上是通过有支持力的规范和信仰得以实现的。简单说,制度可以被理解为是对于如何实现利益来说的合法化的规则和模式。

行为者遵循一个路标的类比允许我们给这一普通的场景增加几个观点。首先,制度限制了行为者试图实现他们的目标所采取的行为。制度还使得采取可选择的道路变得成本极高,这一点是通过把这些选择看成是对法律和/或者习俗的破坏来实现的。单个的行为者提请他们努力的动力——即这样的事实,在追求

## 第四章 作为活动和类比的利益

某些特殊利益的过程中,他们不仅投入了能量,而且他们把身体也推到了前线——转译成了巨大的社会力量,这一点是具备制度特色的。很多行为者把某个路线看成是想当然的,并且是唯一正确的进路(合法性),这样的事实显著地增加了这种力量或者动力。

打个比方说,当行为者要实现他们利益的时候,有人也许还会论述到制度会更进一步地阻碍道路。首先你必须得决定你的利益是什么,然后要决定实现这些利益你应该怎样着手去做。一些制度基本上是传统的,恰恰因为传统的行为者对他们的利益是什么有更少的意识,这些制度很难发生改变。他们缺乏意识以及一种内心自由的感知。相对来说,现代制度更容易改变,这恰恰是由于现代行为者更能意识到其利益所在,以及他们更具有一种富于反抗的精神或者更不愿意受束缚。传统的制度使得行为者的脚步走不出一个循环,而现代的制度却给行为者提供了清晰的目标。

另外的一个情形是我感到利益的进路仍然需要给予很多的关注,而在这里这一点并没有完全得到实现,这样的一个情形和一些观念以及这些观念潜在的力量有关。这些观念可以分成两类:那些对世界的一些面貌进行描述的观念,以及那些也这样做了,而又以某种方式和行为者的利益相连的观念。如果一个观念和一个利益连接在了一起,也就是说,如果这个观念以某种方式和一些个人的利益联系在了一起,那么这个观念也将会被赋予这些利益的力量。关于这一点的一个经典的例子就是韦伯的新教伦理,在这里其关注的恰恰是观念如何与利益是融合在一起的,这些利益首先是宗教的利益,然后是经济的利益。在这里还关注的是观念如何与社会以及经济结构的革命性后果融合在一起的。

詹姆斯·科尔曼已经把他的微观到宏观的模式运用到了对新教伦理的论述中,而这就使我能够提出关于观念和利益的观点来。(科尔曼,1990:8)科尔曼的模式包括下面的几个步骤:首先,表明韦伯的分析是如何从集体的层面(新教的态度)向下进展到个人层面的(步骤1);其次,这些观念是如何影响个人的,继而这些影响又是怎样从其宗教的行为蔓延到经济行为的(步骤2);最后,很多个人的相互作用如何最终导致了一种在集体层面上的新态度产生(步骤3;参见图4.3)。

然而,我们也可以根据利益来表述这样一个分析

# 第四章 作为活动和类比的利益

的类型。如果我们这样做了,我们就能够看到,在某些情况下处于集体层面的一些观念是如何能够和个人的宗教利益联系在一起的(步骤1);这些观念最终又是如何与经济利益连接在一起的(步骤2);以及这一集体层面的态度怎样导致了一种对于经济利益来说是新的态度,或者说理性的资本主义精神的产生(步骤3)。

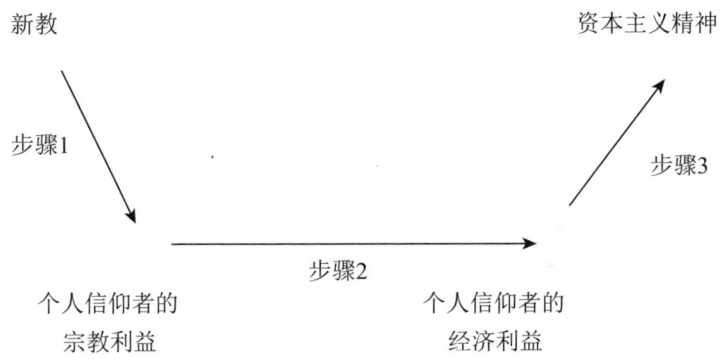

**图4.3 根据新教伦理,观念和利益是如何结合在一起的**

注:在新教伦理中,韦伯表明了当和利益结合在一起的时候,观念是如何可以转变为极其强大的社会动力的。韦伯分析的个案阐明了某些宗教观念如何有助于打破宗教对经济以及现代理性的资本主义中的先驱的控制。这个图应该得到以下的解读:首先,个人信仰者遭遇到了新教的新的宗教教旨(尤其是具有禁欲特色的新教),然后把这些观念和其宗教的利益联系在了一起(步骤1)。最后他还要这些观念应用到其经济利益中(步骤2)。很多个人的经济行为,都是被他们组合在一起的宗教—经济的利益所驱使的,最终产生了一种新的经济伦理,也就是资本主义精神(步骤3)。

追随着一个路标的类比也许有益于梳理出更多的几个特征。当观念和利益融合在一起的时候,这些观点可能会获得动力,这来自于这样的事实,即行为者把这些观念和他们的身体以及全部的努力一起投入了进去。这一点尤其符合新教伦理中的情形,在那里我们以一种价值理性类型的行为(由宗教所激发的)作为开端,然后这种行为和一种工具理性类型的行为(由一种追求财富的欲望所激发的)的动力混合在一起,这种行为也因此得到了增强。韦伯所讨论的宗教类型(禁欲的新教)以及存在于他脑际的资本主义类型(理性的资本主义),这两者有着相似的心理状态:高度的警惕性或者意识和一种不受约束的感觉联合在一起。这就正如制度一样,韦伯的分析是关于一个情形的,在这里利益被赋予了一个方向。

我的第三个也是最后一个例子是关于社会科学中的客观性的。在这个问题上经典的见解经常和韦伯的主张联系在一起,即在其演说和社会学作品中,尤其是在那些和政治学有关的作品中,社会科学家应该努力抑制自己的价值。这就是所谓的价值中立(wertneutralität[①])。对于这一点,韦伯补充道,很明显科学家对一个主题

---

[①] 德语"wertneutralität",相当于英语"value neutrality",即价值中立。

的选择依然和他生活于其间的社会有关；而韦伯把这一点称之为价值相关（wertbeziehung①）。后来社会学家有时也补充道，社会科学家也应该做出一个有意识的努力，以留心他的观点是如何被其生活背景和经历形成的（自反性）。以这种方式，有人认为社会科学家将能够更好地找出更多的、有可能是偏见的来源。

从一种不太个人主义的观点来看，还存在着一些探讨客观性的尝试，而作为这一点的一些例子，我们可以提到卡尔·曼海姆关于自由浮动的知识分子的论述以及罗伯特·K. 默顿②科学精神的观念［曼海姆，（1936）1960：136—146；默顿，（1938）1973］。然而，这两者的努力都在一点上和价值中立以及自反性的观点是相似的，而这一点就是他们对于利益的消极态度，为了保持客观性，利益被他们看作是必须要尽可能排除掉的东西。在曼海姆看来，自由浮动的知识分子不能像大多数的人一样被固定在阶级的经济利益之中，而恰恰是这一点才有可能保证他们的客观性。相似地，默顿告诉我们，在科学精神中一个关键的成

---

① 德语"wertbeziehung"，相当于英语"value relevance"，即价值相关。
② 即罗伯特·金·默顿，美国著名的社会学家，科学社会学的奠基人和结构功能主义流派的代表性人物之一，被誉为"科学社会学之父"。1997年诺贝尔经济学奖获得者罗伯特·C. 默顿是罗伯特·金·默顿的儿子。

分是"无私的标准"。更一般地来讲，默顿看到了，在其追求科学的过程中，科学家是被一种追求身份和同行认同的愿望所驱使的，而不是被追求金钱和财富的愿望所驱使的。除了其他方面之外，科学世界的特征是被"共产主义"或者所有的思想都是可以自由得到的这样一个观念所刻画的。

虽然在社会科学中普通的立场好像是认为，利益阻止了客观性，因此利益应该得到抑制，但是也有人认为利益有可能也会增进客观性。关于这一点的一个实例是对抗性的法律制度，这一点在习惯法的国家中都能够找得到。在这里其理念是，确保正义的最好方法是在法庭上双方都尽可能激烈地表达出他们的观点，然后法官或者陪审团就以这种方式得出的事实为基础来做出判决。而那种所谓询问制的对控辩双方进行对比的方式在大陆法系的国家里是常见的，在这里是法官承担了法庭调查的工作。在这后一种类型的司法体制中，交互讯问和辩诉交易①是不存在的。

---

① 原文是"plea bargaining"，即辩诉交易，是美国的一项司法制度。1970年，美国联邦最高法院正式确认了辩诉交易的合法性，在1974年修订施行的《联邦刑事诉讼规则》中，美国明确地将辩诉交易作为一项诉讼制度确立下来。这项制度是指在法官开庭审理之前，处于控诉一方的检察官和代表被告人的辩护律师进行协商，以检察官撤销指控、降格指控或要求法官从轻判处刑罚为条件，换取被告人的认罪答辩。

## 第四章 作为活动和类比的利益

为了确保客观性,另一个积极地运用利益的例子可以在这样的一个观点中找到,即存在有许多学术性的杂志、科学团体等是很有必要的。和比如像韦伯那样的完全依赖于个性的特征不同,这个进路有时候可以按照把社会制度用作为一种产生科学客观性的方法来体现(比如波普尔,1962:218)。然而,这个进路也可以沿着亚当·斯密在《国富论》中的路线来看待,即个人利益可以用来增加社会的总体利益。从这个观点来看,客观性就是对于个体科学家的回报,以及其行为的一种副产品。从这个观点来看,行动的策略就是要创造出一种这样的场域,在这里科学的世界中有很多"竞争",几乎没有"共谋",绝对没有"垄断"。换句话说,通过利益彼此之间的平衡,客观性得到了加强。

因为,从一种利益的观点来看,客观性可以被看作是选取一致同意的一条道路,即使科学家们都有着他们要实现的目标(声望、财富、尊敬等)。只要追随着客观性的道路,就能够实现这些目标,客观性在某种程度上就能够得到保证。然而,一旦不再是这种情形了,客观性将会处于危险的境地。

## 结　论

　　利益的概念已经被使用了很长一段时间，而在某个层面上也可以把利益描述成为关于人们追求基本目标和价值途径的一种讨论和思考的方式。虽然"利益"这个术语最初是一个法律上的而不是一个普通的术语，但是它已经被专家以及其他人使用了几个世纪。而这一点仍然是事实，尽管在这项研究中我付出了很小的努力以证明在政治学或者其他学科中"利益"这个术语有着普通的使用路径［而比方说对于使用"特殊利益"的评论，可以参见纳恩伯格(Nunberg), 2003］。

　　对于社会科学来说，利益这一概念很多不同的使用路径经历了几个世纪，这一点应该表现出了一种力量。经济学家、社会学家以及其他的社会科学家们已经发现利益这一概念在不同的使用路径中都是有益的，因而在西方的传统中，在使用这一概念的众多的个人中将能够发现一些最好的思路。我的意思是这样的，我们仍然需要从这个传统中学习很多东西，因而对于利益这一概念的新的而又重要的用法来说，这个

第四章 作为活动和类比的利益

传统可以充当一个灵感的来源。

对于如何使用利益的概念来说，在社会科学中已经逐渐发展出了一些不同的策略。首先也是最重要的，经济学家已经用它奠定了自己学科的基础。为了这一点能够发挥作用，利益的概念不得不被简化为经济利益，因而相对于利益来说，其他的一些影响也就不得不被排除掉了。利益的概念就以这种方式被赋予了巨大的影响力，而这种分析类型也直接遭遇到了很多批评。

在过去的几十年里，对于经济学中只关注经济事务的不满已经逐渐增多了起来，公共选择学派的出现以及像加里·贝克和乔治·阿克罗夫等学者们的工作就是好的例证。通过使用一个扩大的经济利益的概念，出现了很多重要的进展，在这点上，代理理论和集体行为的理论都是例证。我之所以说是"扩大的"，是因为沿着经济利益的路线分析的却是非经济的利益。

当涉及在社会科学中使用利益概念的时候，第二个主要的策略是把利益转变成为一个中等范围的概念；而作为这一点的例子，我们可以提到利益集团的观念，以及韦伯的由自利所决定的行为导向的概念。

按照这样的进路前进,在利益这一概念的身上就不会被赋予过于显著的影响力了。很明显还有一点就是这种中等范围的概念更加适合社会中大量的经验实践,而在经济人的概念和同样的实践之间却不能做到这点。从另一方面来看,这样的一个进路看起来好像在刺激社会科学家们的创造性方面也能做得更好。

尽管这最后的观点认为,在利益概念的帮助下,经济学家们能够更好地创新,但是在经济学家的阵营中,我没有找到更多的对于这个概念的讨论。在这一点上和政治科学的对比是显著的。对于如何使利益变得可以操作,如何概念化"客观的"利益,是什么把道德关注和经济利益区分开来等问题,政治科学家们已经做出了重要的讨论。

对于如何给利益的讨论带来新的活力,我自己的提议是,通过一些新颖而又聪明的定义,彻底地与那种约束这个概念含义的老的进路划清界限。我认为,那种老的定义类型不适合一个像利益这样的概念,在过去的几个世纪里社会学家、作家以及很多其他团体中的人们都使用过这个概念。相比较来说,维特根斯坦认为意义居于一个清晰的活动之中,这一点可以让我们能够更好地来把握利益的本质。这一点尤其是正

## 第四章 作为活动和类比的利益

确的,如果我们选取这种见解的话,即利益是人们正在做的某件事情,这不仅体现在他们的思想中,而且还在卷入他们整个身心的活动中。当事态紧要的时候,你把自己的身体放置在了语言的后面;而追求利益就是这种类型的行为的题中之义了。

当涉及利益时,维特根斯坦建议使用一个特别的类比以把对意义的讨论转向一个新的方向——不但要把语言理解为一连串的词语,还要把它看作是一个和游戏相似的活动——这一点也可能是一个有益的策略。对于利益来说我所提议的类比是指行为者遵循着一个告诉他们该往哪里走的路标。虽然这个类比看起来可能是缺乏活力的,因而对一些读者来说就显得是无趣的了,但是我依然坚持认为它把我们的注意力指向了对于利益的观念来说是本质的一些东西上面。这就是说,这个类比包含着某种类型的一些活动,只有那些具备一种特殊类型的意识的人们才能参与这些活动,而人们也是全心全意地来参与这些活动的。利益和个人在生活中选择追随的方向有关。至于这个问题"人们的利益是什么",我愿意这样回答:先确定人们实际上在哪里,然后再决定他们是否在这种类型的意识下付诸行为,这种意识被韦伯描述成为像普罗米修斯一样的富于反抗精神或者不受约束。简单地说,研究的任务就是去把握人们参与的某项特殊的活动——而不是去追寻某个单词的含义(利益)。

在这种类型的活动中,社会的因素干预了很多显而易见的观点。其中的一个观点就是为什么一些个人拥有这种特殊类型的意识,并且决定按照这种意识付诸行动。另外的一个观点是,在某些团体中存在着一种普罗米修斯式的反抗意识,而在其他的团体中却不存在。在实现他们利益的过程中,人们还会指望制度会成为首要的答案,因此他们就调整自己的行为以符合这些制度。特别地,为了实现自己的利益,他们必须得调整自己的行为以适应其他的行为者。

对于所有这些社会性的维度是常见的东西,对于由利益驱使的行为来说却是它们的核心,这一点在本质上也是存在主义的。在《辩证理性批判》中,萨特指出,利益代表了一种错误的意识。他说道,行为者仅仅是把他的愿望具体化了,而在这样做的过程中,他们又使这些愿望从属于一种外在的而且看起来又像是客观的力量。(萨特,1976:197—219)然而,当我说到对于利益来说有一种存在主义的维度时,这一点我并不是存心的。我反而认为,在实现任

## 第四章 作为活动和类比的利益

何一种利益的过程中,你都必须得以一种方式或者另一种方式全身心地投入,仅仅去想或者玩弄文字游戏是远远不够的。而恰恰是这种确保你的存在的特性说明了作为利益分析特征的伟大的现实主义,尤其是因为在这一过程中你不但要把自己的身心包含进去,而且还要把其他人的那些同样的情形也包括进来。这样做的结果就是,在过去的几个世纪中,洞察人类的奋斗过程以及人类的某种生存类型一直吸引着思想家们的注意力。

## 附　录

# 作为政策工具的利益
## ——个案分析

在前几章中我主要讨论的是把利益看作一个分析的工具，这使得利益更容易来解释社会现实。但是利益也可以被用作一个政策工具，也就是说，把它看作是一个有意识地在某个理想的方向上改变社会现实的指南（或者路标）。在这个附录中，我将比较详细地讨论这样的一个情形，而这样做是出于几个原因考虑的。首先，明确利益有一种社会工程的层面是很重要的，而这一点值得用一部分来讨论。其次，有一个这样的问题——以利益的概念为基础的改革是否是成功的。还有着这样的事实，即应该把利益作为一个分析概念的讨论和在这个概念的帮助下改变现实的努力联系起来。

综上所述，显然有一系列重要而又有趣的问题赋予了作为一个政策概念的利益。然而，由于缺乏在这一主题上的文献，试图通过前几章中所开展的那种类型的讨论来回答这些问题是不可能的。因此，看起来解决这一类型问题的最好途径就是通过讨论分析一个具体的个案，然后从那里进展下去。

最重要的一个利益被用来改变社会现实的个案恐怕就是美国宪法了，它不仅要平衡彼此敌对的各种各样的利益，而且还因此创制了一个政治体制，而这个体制使得滥用权力变得非常困难。然而，这样的一个案例太复杂了，根本不是这一本小册子能够讨论的，因此我选择了另外的一个更加适中的案例，在当代社会中，这样的案例依然扮演着一个重要的角色。这个案例就是利益冲突的立法，或者说是这样的立法类型，在这里如果人们拥有的某些私人利益妨碍了他们任务的正常完成，他们将不被允许拥有某些立场。

虽然"利益冲突"是一个我们所熟悉的术语，但是仅仅到最近在美国它才一跃引起了普遍的关注，在媒体对于公司丑闻的报道中，这个术语扮演了一个主要的角色,而在这场丑闻中像安然和世界通讯这样的公司也卷了进来。很快就发现,这些以及很多其他的公司在许多问题上误入歧途恰恰是和利益冲突的破坏性角色有关的。

在接下来的几页中,我将讨论这些公司丑闻案中的两个最重要的案例,它们开始于 2001 年,现在还在进展之中。这两个个案就是会计行业和经纪行业。首先,对于利益冲突的观念以及它的起源我将先做一个简要的说明;其次,我将呈现出美国会计行业和经纪行业的状况,这一点导致了对于利益冲突立法的违背;最后,通过说明利益的概念能够被用作一个政策工具的途径从而得出结论。

## 在法律思想中以及在美国公司丑闻案的公共话语之中的利益冲突概念

最新版的北美洲法律界最权威的《布莱克法律词典》是这样来定义"利益冲突"的:

1. 在一个人私人的以及公共的或者信托的责任之间的一种真正的或者表面上是真正的不相容

性。2. 在一个律师的当事人的两种利益之间，一种真正的或者表面上是真正的不相容性，比如说律师是没有资格代表双方当事人的，如果这种双重的代表互为逆反影响的话，或者说如果当事人不同意的话。（加纳，1999：295）

对于利益冲突的立法来说一个重要的主题是，在有利益冲突的地方任何一种情形下行为不当都不会发生，因为几乎在很多情形下，在事态变坏之前都有理由来干预。换句话说，利益冲突的立法在本性上是有预防性的；或者引用 1961 年联邦最高法院的一个决定就是，关键的并不是"实际上发生了什么"，而是"本来可以发生什么"（美国诉密西西比河流域电力公司案；可以比较，斯塔克，2000：4）。

法律上的利益冲突概念有其自己的历史，但这样的历史在很大程度上并没有写就。很明显，在早期的法律思想中，这个观念就已然有了其源头，而还有一些人认为利益冲突的思想可以一直追溯到中世纪。然而，在此期间这个术语被用作是"怀二心"的意思，而这个术语"照字面意思就是指这样的一些律师，他们是诡诈的'两面讨好的人'，从不同的当事人到一场纠纷，他们每一只手都能收钱"（罗斯，1999：2）。在1789年美国第一次国会期间通过了一项法案，根据这项法案，新成立的财政部长办公室的所有人不能投资公债。美国很多利益冲突的立法都始于19世纪的后半个世纪，它们都试图在内战后创建一个有效率的政府。

然而，法律意义上的"利益冲突"术语看起来好像比这样一个冲突的理念更早一些。这个术语是什么时候第一次出现的也很难说清楚，而基于应用范围的不同，这一点也可能发生变化。然而，到了二十世纪五十年代利益冲突在美国就被普遍地看作是一个法律术语了。关于这一主题的两本权威的著作大约就是在这个时候出版的。

在美国过去的几年中，就"利益冲突"这个术语的使用来说，其巨大的新颖之处就是，在对几个经济现象的描述中这个术语已经成为了公共话语的一部分，而在以前这个术语还没有被这样使用过。更一般地来说，在围绕着现在美国公司丑闻案的讨论中，利益冲突的概念从一开始就处于中心的地位。它不但成为了媒体话语的一部分，而且在很多公众人物的演讲和作品中也能找到这个概念，这些公众人物包括乔治·W. 布什、乔治·索罗斯以及约瑟夫·斯蒂格利茨。这就意味着现在对于利益冲突的意识已经非常高了，这种影响也使得把它用作一个政策概念是可能的了。

我们可以发现，在大众媒体以及官方评论员的文章中"利益冲突"这个术语应用最广泛的两个情形和下面的两个行业联系在了一起：会计（尤其是在这些情形下，在这里同样的一家公司既做会计又做咨询）和经纪公司（尤其是在这些情形下，在此这些经纪人不仅代表一些委托人出售股票，而且他们又建议其他的委托人来购买这些股票）。在2002年针对现在的公司丑闻案而创制出来的萨班斯·奥克斯利法案中，这两个行业就被当作重要的行业例证被讨论到了，在这些行业中利益冲突是普遍的，因此需要得到规制。

## 在公司丑闻案中利益冲突的背景

驱使会计和经纪业中利益冲突的首先就是二十世纪九十年代股票交易的繁荣以及由此而产生的贪欲。股票价格的飞涨引起了导致利益冲突的某种自私自利行为的爆发。在这十年内也发生了一系列重要的制度变革，而这些制度都是在同样的方向上发挥作用的。1999年格拉斯—斯蒂格尔法案①被正式地取代，而除了银行业之外所有行业的管制也被解除了。比如说，现在普通的商业银行可以和投资银行业合并在一起，而普通的经纪行业也可以这样做。而随着股票市场的兴起，最初的公开销售证券很快就变成普遍的了——同时这也成了经纪公司和银行的一个非常好的收入来源。

  在二十世纪九十年代股票交易急速地攀升：道琼斯指数提升了四倍，而纳斯达克指数提升了超过

---

① Glass-Steagall Act，即格拉斯—斯蒂格尔法案，也称作《1933年银行法》。该法是美国在1933年所通过的金融机构管制法，主要规定商业银行、证券公司（投资银行）与保险公司不得跨足彼此间的业务，也不得互相持股。随着时间的推移，该法案形成的分业格局使得商业银行利润下滑，非银行的公司集团纷纷侵入商业银行的贷款业务，与金融发展形势不相符合，自20世纪80年代起格拉斯—斯蒂格尔法案遭到很多商业银行的反对。1988年第一次尝试废除《格拉斯—斯蒂格尔法》，未成功；1991年，布什政府经过研究推出了监管改革绿皮书（Green Book）；1998年，以花旗银行和旅行者集团合并为标志，格拉斯—斯蒂格尔法案名存实亡。1999年，由克林顿政府提交由1991年布什政府推出的监管改革绿皮书（Green Book），并经国会通过，形成了《金融服务现代化法案》（Financial Services Modernization Act），亦称《格雷姆—里奇—比利雷法案》（Gramm-Leach-Bliley Act），废除了1933年制定的格拉斯—斯蒂格尔法案有关条款，从法律上消除了银行、证券、保险机构在业务范围上的边界，结束了美国长达66年之久的金融分业经营的历史，其结果是商业银行开始同时大规模从事投资银行的活动。

800%。在2000年1月道琼斯工业指数达到了创纪录的11722.98的高点,而2000年3月纳斯达克综合指数达到了5048.62点的高峰。在这段时间里,很多CEO以期权的形式收到了他们部分的工资,而这在美国历史上是第一次,即CEO们不必成为企业家、不用创办新的企业等就可以变得非常富有。引用艾伦·格林斯潘的话来说,这是一段"非理性的繁荣"时期,在某种程度上这已经成为了二十世纪九十年代繁荣的一个象征。

但是到2000年股票市场开始下跌,很快一系列惊人的公司垮台和破产出现了,在当时的媒体上这些都有很多的讨论。这些公司中第一个就是安然,它在2001年12月破产;而其中最大的一个就是世界通讯公司,在此半年后它也破产了。很快这一点也变得明显了,即在大量的会计策略("进取性会计")的帮助下,很多的公司夸大了他们的收益。特别是世界通讯公司,他们在2002年中期的声明中承认他们的收益被夸大了38亿美元,这在媒体上和投资者中引起了暴怒。

总而言之,在会计业和商业的分析中,驱使利益冲突的主要是二十世纪九十年代股票交易市场的繁荣，以及管制的解除和一种自由放任主义的气氛。对于个人和公司来说，所有的这一切增加了快速赚钱的诱惑，从而把谨慎抛到了九霄云外。当很多这些不正当的行为被揭露出来之后，引起了一场强烈的愤怒，而这场公众的强烈抗议导致了2002年萨班斯·奥克斯利法案的通过，这个法案禁止并且宣告这样一些行为是违法的。

## 在会计行业和经纪行业中的利益冲突

在会计行业中的问题集中在这一事实上，即美国的会计行业越来越多地开始给那些他们正在审核其账目的同一家公司做起了咨询工作。这样的一个始于"二战"之后的发展态势危及到了会计的公正性，因为对于一家其同样拥有一种直接利益在内的公司，会计很难保证客观性。在美国这一情形的危险性很多观察家和个人都很清楚，因此它也得到了很多的讨论。然而，试图通过立法来解决这种情形的努力都遭到了会计行业的阻挠，他们要保持其自行监管的权利。

在二十世纪九十年代期间，由于刚才提到的繁荣以及几家会计公司卷入了可疑的或者非法的活动中，这种在会计和咨询之间的冲突变得尖锐了。这些公司中就包括最著名的亚瑟·安德森公司，它是安然公司聘请的会计公司，也是美国最大的一家会计公司。使得亚瑟·安德森公司把谨慎抛在一边的恰恰是他们把安然公司看作了一个巨大的收入来源，而其中大部分的收入都是通过咨询得来的。安然公司很清楚这种情形，为了自己的利益，他们采用了安然自己固有的做法。通过大量的会计骗术，安然领导层的非法行为一次又一次地被安德森公司的员工掩盖。当这些行为被揭露出来之后，美国司法部把安德森公司告上了法庭，并宣布他们有罪，这些事情发生在2002年7月。从那时开始，一家被宣判为重罪的会计公司就不允许再开展业务了，而安德森公司就被迫破产了。当这一判决做出来的时候，当时的安德森公司在84个国家拥有分支机构，收入93亿美元，在美国有26000名雇员，在世界上有84000名雇员。

在美国的经纪行业中的利益冲突和在会计行业中的利益冲突本质上是不同的。简单地说，在这里处于争论的问题是，是否一个公司既能够代表某些委托人出售股份，同时也能够建议其他的委托人购买和出售什么样的股份。在二十世纪九十年代的繁荣期间，对于经纪公司来说，这样做已经变得越来越普遍了，而在华尔街人们对这一点也是很清楚的，即那些经纪商号的分析家们在建议委托人如何购买和出售的过程中，受到了正在他们公司内进行的其他商业活动的巨大影响。比如说，经纪公司将会认为某些公司的股票表现出来了一个非常好的投资机会，即使这是不对的，而这样做仅仅是因为他们希望将来的某个时候能和这家公司有生意往来或者能够和这家公司建立一个长期存在的关系。

2002年纽约州的首席检察官埃利奥特·斯皮策披露了来自华尔街的商业分析家们大量的电子邮件，这些邮件表明这些分析家们很清楚这样的事实，即他们的分析常常是带有很强的偏向性的，而他们之所以这样做，原因就是他们使自己受到了他们雇主利益的影响。举例来说，如果一个经纪公司知道了其一个委托人正处于困境之中，他们就告诉其分析家们掩盖这个事实，并建议人们来购买这个委托人的股票。

斯皮策威胁道，华尔街上主要的经纪公司在法庭上都是有罪的，它们的罪行将使得它们永远被关闭。作为对这一威胁的响应，这些公司集体地接受了一份总量高达15亿美元的罚款。斯皮策指明,这笔资金的一部分用于支持那些独立的经纪公司以及对投资者进行教育。为了保证将来会有客观的分析,斯皮策还就经纪公司应该如何变革给出了一些建议。

## 解决利益冲突的尝试

作为对美国公司丑闻案的回应,就如何解决会计行业和商业领域的利益冲突问题,大量的建议被提了出来。最重要的一条已经被用来解决这些问题的建议就是2002年的萨班斯·奥克斯利法案。还有就是埃利奥特·斯皮策决定要在2002年7月份责罚这些主要的经纪公司的罪行。在众多其他首创性的建议中,应该特别提到2002年春保罗·沃尔克解决亚瑟·安德森公司利益冲突的成就,因为这一点代表了一个重要的尝试,从而发展出一个模式以解决整个会计行业的问题。

就如何解决很多利益冲突来说,大量的提议都有着一种显著的复杂性,而这些提议本身就是美国公司丑闻案的一部分,因此引进一种简单的类型学也许是有益的。根据它们在两个问题上的立场,这些提议可以被分作四个类型。这第一个问题是，一个人应该用法律还是用自我调节来解决利益冲突。还有一个问题是，一个人应该给不同的组织分配不同的经济活动，还是应该允许这些不同的经济活动在同样一个组织里共存，但是它们却被所谓的"中国墙①"（活动的一种自我实施的分离状态）隔离开来。丑闻案最常见的后果就是通过自我管制巩固"中国墙"，对于产业安全以及会计行业处理利益冲突来说，这代表着一种传统的解决路径（关于不同的选择参见表5.1）。

表5.1 处理会计和经纪行业内利益冲突的不同途径

|      | "中国墙" | 不同公司内的不同的职责 |
| --- | --- | --- |
| 法律 | 1 | 2 |
| 自我管制 | 3 | 4 |

注：会计和经纪行业内的利益冲突问题可以通过立法也可以通过自我管制来解决；而两种活动既可以允许在相同的一家公司共存（"中国墙"），也可以分配给不同的公司。

根据2002年的萨班斯·奥克斯利法案，潜在的利益冲突将通过"中国墙"来处理（1）。2002年初期国会通过了几条完全把两种活动分开的提议，这些提议也是由埃利奥特·斯皮策提

---

① Chinese Wall：中国墙，金融术语，指投资银行部与销售部或交易人员之间的隔离，以防范敏感消息外泄，从而构成内幕交易。

出的（2）。在萨班斯·奥克斯利法案之前，大多数会计和经纪行业内的利益冲突都是通过自我管制，尤其是在中国墙的形式下得到解决的（3）。以处理安德森公司的途径作为模式，即把自我管制和分配不同的职责给不同的公司结合起来，以解决整个会计行业的问题，这是2002春天沃尔克的提议（4）。

安然公司倒闭伊始，试图解决利益冲突问题的努力也就开始了，显然投资者们——包括几个主要养老基金——已经损失了几十亿美元。一些政客主张通过立法迅速地终结会计行业中的利益冲突；而在2002年早期国会就通过了几项提议，通过成立联邦审计署等机构，让国家接管审计事务，禁止一家公司以及同一个组织同时经营会计和咨询业务。

由于多种多样的原因，这种类型的立法建议几乎没有机会在国会中导致什么切实的结果。从这场危机一开始会计行业就发动了一场声势浩大的游说活动，以努力维持这个行业的自我管制，从而削弱任何新的法律措施有可能带来的影响；而会计行业的游说武器由于其有效作用而被世人熟知。布什政府虽然敏感于公众对丑闻的强烈抗议，但是在解决利益冲突的问题这一关键点上却犹豫不决。

然而，新的公司丑闻于2002年春夏之间一个接一个地不断出现，在这种影响之下，布什政府决定采取措施。7月30日签署成为法律的萨班斯·奥克斯利法案是布什政府这种决心的主要成果。在布什看来，这项法律代表了"从富兰克林·德兰诺·罗斯福时代以来美国商业领域影响最为深远的改革"（布什，2002）。

从萨班斯·奥克斯利法案以及布什大量的演讲中不难看出，美国政府主要是根据个人责任来理解公司丑闻案的。根据新的法律，CEO们必须得为他们公司的年度财务报告提供担保。对于白领犯罪的处罚，尤其是对那些掌管一家企业的高层，也被显著地提到了最少20年。从大概2002年中期开始，在美国的媒体上看到公司经理们戴着手铐被带走也变得越来越普遍了——这是布什政府的另一个信号，他要让公众知道，对于那些参与"公司腐败"的家伙来说，政府的立场已经变得异常强硬了。这种专注于个体行为者的倾向一直经过了2002年的秋季，而在其2003年所发表的国情咨文中，布什再一次猛烈地抨击了"企业的罪犯"（布什，2003）。

但是即使萨班斯·奥克斯利法案在很大程度上已经按照布什及其政府的需要被塑造成了"一种商业共同体内的关于个人责任的新的伦理"，这个法案仍然包含几个段落特别地专注于更加结构性的问题，比如说在会计行业以及商业分析领域内的利益冲突问题。特别地，根据这项新的法律在咨询和会计业务之间以及在经纪和商业分析业务之间必须得有一堵更加坚固的"中国墙"。于是，又创建了一个新的机构，而它的任务就是对大公司的会计活动进行监管，这就是所谓的公众公司会计监管委员会（Public Company Accounting Oversight Board）。这个委员会总的目的是"在信息公开的、精确的以及独立的审计准备之下，保护投资者的利益并且增进公共利益"（美国国会，2002：6）。这个委员会有权力要么创建关于会计和审计行业的标准，要么采取现存的那些来自于自我管制机构的标准。

最后，为找到一个解决会计行业内利益冲突的办法，保罗·沃尔克，这位美国联邦储备委员会的前任主席，在2002年春做出了一项引人关注的成就。沃尔克，2002年被雇佣到安德森公司去清理该公司的问题，他要做的是从根本上把咨询业务从安德森公司的会计业务中剥离出来，从而永远地终结利益冲突的可能性。他也非常希望这样的一个进路可以成为其他行业的一个解决问题的模式。沃尔克的计划可以被称作是自我管制的范例。然而，由于安德森公司拒绝认罪，而司法部也拒绝撤回控告，所以沃尔克的计划差不多注定会失败。沃尔克后来可能会说他的努力并没有得到美国公司的支持，而整个事情，在事后看来，"是一个梦想，就像堂吉诃德一样"（拉巴顿，2002）。

## 结 论

很明显，利益冲突的立法并不能够适用于所有利益冲突和抵触的情形，而它仅仅能够解决这些情形中的一小部分。更确切地说，利益冲突的立法主要旨在处理这样的一些情形，在这些情形中在一些私人利益和那种已经安排一个行为者去保护的普遍利益之间有一种潜在的冲突。

正如刚刚讨论过的例子所显示的，在一些情形中，这些立法的尝试是非常不成功的。例如，在会计和经纪这两个行业中都有着一些结构性力量在起作用,这些力量吸引着行为者们越过界限,从而在损害普遍利益的情况下,满足了自己的一些私人利益。由于这样一个事实增加了这种情形的复杂性,即在这些场合中卷入了三种利益:公众的普遍利益(特别地,这种利益并不仅仅是投资者的利益),单个行为者的私人利益(分析家、会计师等),以及公司的私利(法人资格)。特别地,公司获利的压力被传达给了一些雇员,该怎样去做,他们必须得做出一个选择。

从对美国公司丑闻案的反应中可以看到,对于那些为了阻止不正当的行为,以使私人利益从普遍利益中摆脱出来,从而应该支持利益冲突立法的那些人来说,有一些选择是公开的。至于在何种程度上萨班斯·奥克斯利法案在解决这一问题上是有效的,只有将来才能显示出来,特别是当再有一次像发生在二十世纪九十年代的繁荣那样的情形出现的时候。

谈到在这本书中提到的术语,很明显利益冲突的立法可以按照之前对利益的讨论来理解,也就是说,可以把它看作是一个某种情形中的类比,在这里你要让行为者追随一个路标。正如任何路标一样,利益冲突的立法不能规定行为者应该去做什么。然而,它却可以使行为者摆脱某些活动，它告诉行为者什么样的情形要避免以及哪里不能去。

最后可以指出，那种想按照利益冲突来创建一个社会情境的愿望也来自于这样的观念，即如果社会没有受到损害的话，自利常常需要用某种剂量的道德价值来缓和。正如之前所提到的，托克维尔指出美国人主要是在宗教信仰的帮助下做到了这一点。在托克维尔看来，按照这种方式美国人成功地把私利驾驭到了一种有益的并且是没有破坏性的方向上来。这个结果他称之为"正确理解的利益"。

作为一种社会工程的形式，利益冲突的理念是有用的，因为它允许从事一些活动，而同样这些活动的破坏性效用是能够被成功抵消的；通过平衡两种互相敌对的利益可以做到这一点。在《联邦党人文集》中詹姆斯·麦迪逊赞成在美国的宪法中有一种对权力的分立，并且他把这种类型的安排看作是"审慎的发明"（汉密尔顿，杰伊和麦迪逊，2001：269）。相似地，利益冲突的理念也可以被称之为"审慎的发明"，同样它也可以在现代社会中扮演一个重要的角色。一种不同的但又令人难忘的表达这一同样观点的方式可以在詹姆斯·布坎南身上找到，当有一个记者问他，是什么重要的洞察力使得他赢得了诺贝尔奖时，他给出了一个著名的回答。布坎南说："不要让狐狸来负责看管鸡笼。"

# 参考文献

Akerlof, George and Rachel Kranton. 2000. "Economics of Identity", *Quarterly Journal of Economics* 15: 715 - 753.

Arrow, Kenneth. 1987. "Rationality of Self and Others in an Economic System", pp. 201 - 116 in Robin Hogarth and Melvin Reder (eds), *Rational Choice*. Chicago: University of Chicago Press.

Balbus, Isaac. 1971. "The Concept of Interest in Pluralist and Marxian Analysis", *Politics and Society* 1: 151 - 177.

Barry, Brian. 1969. "The Public Interest", pp. 159 -

177 in William Connolly ( ed. ) , *The Bias of Pluralism*. New York: Atherton Press. Baumgartner, Frank and Beth Leech. 1998. *Basic Interests: The Importance of Groups in Politics and in Political Science*. Princeton, NJ: Princeton University Press.

Bentham, Jeremy. 1843. "The Springs of Action", pp. 195 – 219 in Vol. 1 of *The Works of Jeremy Bentham*. Edinburgh: William Tait.

Bentham, Jeremy. 1948. *The Principles of Morals and Legislation*. New York: Hafner Press.

Bentley, Arthur. 1908. *The Process of Government: A Study of Social Pressures*. Chicago: University of Chicago Press.

Berger, Suzanne ( ed. ). 1981. *Organized Interests in Western Europe: Pluralism, Corporatism, and the Transformation of Politics*. Cambridge, MA: Cambridge University Press.

Borges, Jorge Luis. 1964. "The Analytical Language of John Wilkins", pp. 101 – 105 in *Other Inquisitions 1937 – 1952*. Austin: University of Texas Press.

Boudon, Raymond and Francois Bourricaud. 1989.

"Utilitarianism", pp. 419 – 423 in *A Critical Dictionary of Sociology*. London: Routledge.

Bourdieu, Pierre. [1971] 1987. "Legitimation and Structured Interests in Weber's Sociology of Religion", pp. 119 – 136 in Sam Whimster and Scott Lash (eds), *Max Weber, Rationality and Modernity*. London: Allen & Unwin.

Bourdieu, Pierre. [1981] 1990. "The Interest of the Sociologist", pp. 87 – 93 in *In Other Words: Essays Towards a Reflexive Sociology*. Cambridge: Polity Press.

Bourdieu, Pierre. [1988] 1998. "Is a Disinterested Act Possible?" pp. 75 – 91 in *Practical Reason*. Cambridge: Polity Press.

Bourdieu, Pierre. 1993. *Sociology in Question*. London: SAGE.

Bourdieu, Pierre. 2000. *Das religiöse Feld. Texte zur Ökonomie des Heil-geschehens*. Konstanz: UVK.

Bourdieu, Pierre. 2005. "Principles of an Economic Anthropology", pp. 75 – 89 in Neil Smelser and Richard Swedberg (eds), *The Handbook of Economic Sociology*. 2nd rev. edn. New York and Princeton: Russell Sage

Foundation and Princeton University Press.

Bourdieu, Pierre and LoicWacquant. 1992. *An Invitation to Reflexive Sociology*. Chicago, IL: University of Chicago Press.

Brubaker, Rogers and Frederick Cooper. 2000. "Beyond 'Identity'", *Theory and Society* 29: 1 - 47.

Bush, George W. 2002. "President Announces Tough New Enforcement Initiatives for Reform". 9 July. http: //www. whitehouse. gov/news/ releases/2002/07/20020709 - 4. html.

Bush, George W. 2003. "President's State of the Union Message for Con-gress and the Nation", *New York Times* 29 January: A12.

Camerer, Colin, George Loewenstein and Matthew Rabin (eds). 2004. *Advances in Behavioral Economics*. Princeton, NJ: Princeton University Press.

Coleman, James. 1984. "Introducing Social Structure intoEconomic Analysis", *American Economic Review* 74, 2: 84 - 88.

Coleman, James. 1986. *Individual Interests and Collective Action: Selected Essays*. Cambridge: Cambridge University Press.

Coleman, James. 1990. *Foundations of Social Theory*. Cambridge, MA: Belknap Press.

Connolly, William (ed.). 1969. *The Bias of Pluralism*. New York: Atherton Press.

Connolly, William. [1974] 1993. "Interests in Politics", pp. 45 – 84 in *The Terms of Political Discourse*. 3rd edn. Princeton, NJ: Princeton University Press.

Demeulenaere, Pierre. 1996. Homo Oeconomicus. Enquête sur la Constitu-tion d'un Paradigme. Paris: Presses Universitaires de France.

Demeulenaere, Pierre. 2001. "Interest, Sociological Analysis of", pp. 7715 – 7718 in Vol. 11 of Neil Smelser and Paul Baltes (eds), *International Encyclopaedia of the Social & Behavioral Sciences*. Amsterdam: Elsevier.

DiMaggio, Paul. 1988. "Interest and Agency in Institutional Theory", pp. 3 – 21 in Lynn Zucker (ed.), *Institutional Patterns and Organizations*. Cambridge, MA: Ballinger.

Edgeworth, Francis Y. [1881] 2003. "Mathematical Psychics", pp. 1 – 150 in *Mathematical Psychics and Fur-*

*ther Papers on Political Economy.* Oxford: Oxford University Press.

Emirbayer, Mustafa. 1997. "Manifesto for a Relational Sociology", *American Journal of Sociology* 103: 281 – 317.

Foucault, Michel. 2001. Fearless Speech. Los Angeles, CA: Semiotext (e).

Frankel Paul, Ellen, Fred Miller Jr. and Jeffrey Paul (eds). 1997. *Self-Interest.* Cambridge: Cambridge University Press.

Frisby, David. 2004. E-mails to Richard Swedberg on the relationship between Georg Simmel and Gustav Ratzenhofer.

Garner, Bryan. 1999. *Black's Law Dictionary.* 2nd edn. St Paul, MN: West Publishing Company.

Gunn, J. A. W. 1969. *Politics and the Public Interest in the Seventeenth Century.* London: Routledge.

Habermas, Jurgen. 1971. *Knowledge and Human Interests.* Boston, MA: Beacon Press.

Hamilton, Alexander, John Jay and James Madison. 2001. *The Federalist.* Indianapolis, IN: Liberty Press.

Hardin, Russsell. 2002. *Trust and Trustworthiness*. New York: Russell Sage Foundation.

Heckathorn, Douglas. 1990. " Collective Sanctions and Compliance Norms", *American Sociological Review* 55: 366 – 384.

Hedstrom, Peter and Richard Swedberg ( eds ). 1998. *Social Mechanisms: An Analytical Approach to Social Theory.* Cambridge: Cambridge University Press.

Heilbron, Johan. 1998. " French Moralists and the Anthropology of the Modern Era: On the Genesis of the Notions of 'Interest' and 'Commercial Society' ", pp. 77 – 106 in Johan Heilbron et al. ( eds ), *The Rise of the Social Sciences and the Formation of Modernity.* Amsterdam: Kluwer.

Helvetius, Claude-Adrien. [ 1758 ] 2000. *De l'Esprit; or, Essays on the Mind.* Bristol: Thoemmes Press.

Hirschman, Albert O. 1977. *The Passions and the Interests: Political Arguments for Capitalism before its Triumph.* Princeton, NJ: Princeton University Press.

Hirschman, Albert O. 1982. *Shifting Involvements: Private Interest and Public Action.* Princeton, NJ: Princeton University Press.

Hirschman, Albert O. 1986. "The Concept of Interest: From Euphemism to Tautology", pp. 35 – 55 in *Rival Views of Market Society*. New York: Viking.

Holmes, Stephen. 1990. "The Secret History of Self-Interest", pp. 267 – 286 in Jane Mansbridge (ed.), *Beyond Self-Interest*. Chicago, IL: University of Chicago Press.

House, Floyd. 1926. "The Concept of 'Social Forces' in American Sociology. Section V. The 'Interest' Concept", *American Journal of Sociology* 31: 507 – 512.

Huber, Beat. 1958. *Der Begriff des Interesses in den Sozialwissenschaften*. Wintherhur: Verlag P. G. Keller.

Hume, David. 1966. *Enquiries Concerning the Human Understanding and Concerning the Principles of Morals*. Oxford: Clarendon Press.

Hume, David. [1739 – 1740] 1978. *A Treatise of Human Nature*. Oxford: Clarendon Press.

Hume, David. 1985. *Essays: Moral, Political and Literary*. Indianapolis, IN: Liberty Press.

Jensen, Michael and Kevin Murphy. 1998. "CEO Incentives: It's Not How Much You Pay, But How", pp. 270 – 298 in Michael Jensen, *Foundations of Organizational Strategy*. Cambridge, MA: Harvard University Press.

Knight, Frank H. [1921] 1971. *Risk, Uncertainty and Profit*. Chicago, IL: University of Chicago Press.

Knight, Frank H. 1932. "Interest", pp. 131 – 144 in Vol. 7 of E. R. A. Seligman and Alvin Johnson (eds), *Encyclopedia of the Social Sciences*. New York: Macmillan.

Kuran, Timur. 1995. *Private Truths, Public Lies: The Social Consequences of Preference Falsification*. Cambridge, MA: Harvard University Press.

La Rochefoucauld. [1665] 2001. Maximes. Trans. S. Warner and S. Douard. *South Bend*, IN: St Augustine's Press.

Labaton, Stephen. 2002. "Can A Bloodied S. E. C. Dust Itself Off Now and Get Moving?", *New York Times* December 16: C2.

Lenin, Vladimir. [1902] 1969. *What is to Be Done? Burning Questions of Our Movement*. New York: International Publishers.

Lepenies, Wolf. 1988. *Between Literature and Sci-*

ence: *The Rise of Sociology.* Cambridge: Cambridge University Press.

Lewin, Leif. 1991. *Self-Interest and Public Interest in Western Politics.* Oxford: Oxford University Press.

Lukacs, Georg. [ 1923 ] 1971. *History and Class Consciousness.* Cambridge, MA: MIT Press.

MacIver, Robert M. 1932. "Interests", pp. 144 – 148 in Vol. 7 of E. R. A. Seligman and Alvin Johnson (eds), *Encyclopedia of the Social Sciences.* New York: Macmillan.

Mannheim, Karl. [ 1936 ] 1960. *Ideology and Utopia: An Introduction to the Sociology of Knowledge.* London: Routledge & Kegan Paul.

Marwell, Gerald and Ruth Ames. 1981. "Economists Free Ride, Does Anyone Else? Experiments on the Provision of Public Goods IV", *Journal of Public Economics* 15: 295 – 310.

Marx, Karl. [ 1842 ] 1975. "Debates on the Law on Thefts of Wood", pp. 224 – 263 in Vol. 1 of *Karl Marx and Frederick Engels, Collected Works.* New York: International Publishers.

Marx, Karl. [1847] 1955. *The Poverty of Philosophy*. Moscow: Progress Publishers.

Marx, Karl. [1847] 1977. "Wage Labour and Capital", pp. 197-228 in Vol. 9 of *Karl Marx and Frederick Engels, Collected Works*. New York: International Publishers.

Marx, Karl. [1852] 1978. "The Eighteenth Brumaire of Louis Bonaparte", pp. 99-197 in Vol. 11 of of *Karl Marx and Frederick Engels, Collected Works*. New York: International Publishers.

Marx, Karl. [1859] 1970. *A Contribution to the Critique of Political Economy*. New York: International Publishers.

Marx, Karl. [1867] 1906. *Capital: A Critique of Political Economy*. New York: The Modern Library.

Marx, Karl. 1964. *Economic and Philosophical Manuscripts of* 1844. New York: International Publishers.

Marx, Karl and Fredrick Engels. [1848] 1976. "The Communist Manifesto", pp. 477-519 in Vol. 6 of *Karl Marx and Frederick Engels, Collected Works*. New York: International Publishers.

Mauss, Marcel. [1925] 1990. *The Gift: The Form*

and *Reason for Exchange in Archaic Societies.* New York: W. W. Norton.

Menger, Carl. [1871] 1976. *Principles of Economics.* New York: New York University Press.

Merton, Robert K. [1938] 1973. "Science and the Social Order", pp. 254 – 278 in *The Sociology of Science.* *Chicago*, IL: University of Chicago Press.

Merton, Robert K. 1968. *Social Theory and Social Structure.* New, enlarged edn. New York: The Free Press.

Merton, Robert K. 1984. "Socially Expected Duration: A Case Study of Concept Formation in Sociology", pp. 264 – 283 in Walter W. Powell and Richard Robbins (eds), *Conflict and Consensus.* New York: The Free Press.

Meyer, John. 2000. "Globalization: Sources and Effects on National States and Societies", *International Sociology* 15: 233 – 248.

Meyer, John and Brian Rowan. 1977. "Institutionalized Organizations: Formal Structure as Myth and Ceremony", *American Journal of Sociology* 83: 340 – 363.

Meyer, John and Ronald Jepperson. 2000. "The

'Actors' of Modern Society: The Cultural Construction of Social Agency", *Sociological Theory* 18: 100 – 120.

Mill, John Stuart. 1961. *Essential Works of John Stuart Mill*. Ed. Max Lerner. New York: Bantam Books.

Mill, John Stuart. 1988. "The Admission of Women to the Electoral Franchise 20 May, 1867", pp. 151 – 162 in Vol. 28 of *John Stuart Mill, Collected Works*. London: Routledge.

Mill, John Stuart. 1992. *Essays on Some Unsettled Questions of Political Economy*. Bristol: Thoemmes Press.

Moliere, Jean Baptise (Poquelin). [1673] 1907. "The Hypocondriac", pp. 179 – 309 in Vol. 8 of *The Plays of Molie're*. Edinburgh: John Scott.

Montesquieu, Charles de Secondat. [1748] 1989. *The Spirit of the Laws*. Cambridge: Cambridge University Press.

Myers, Milton. 1983. *The Soul of Modern Economic Man: Ideas of Self-Interest, Thomas Hobbes to Adam Smith*. Chicago, IL: University of Chicago Press.

Neuendorff, Hartmut. 1973. *Der Begriff des Interesses. Eine Studie zu den Gesellschaftstheorien von Hobbes,*

*Smith und Marx*. Frankfurt am Main: Suhrkamp.

Nietzsche, Friedrich. 1986. *Human, All Too Human*. Trans. R. J. Hollingdale. Cambridge: Cambridge University Press.

Nunberg, Geoffrey. 2003. "The Lost Vocabulary of Disinterested Politics", *New York Times* 14 September: wk3.

OED. 1989. "Interest-Interestingness", pp. 1099 – 1100 in Vol. 7 of *Oxford English Dictionary*. Oxford: Clarendon Press.

Olson, Mancur. 1965. *The Logic of Collective Action: Public Goods and the Theory of Groups*. Cambridge, MA: Harvard University Press.

Orth, E. W. et al. 1982. "Interesse", pp. 305 – 65 in Vol. 3 in Otto Brunner et al. (eds), *Geschichtliche Grundbegriffe*. Stuttgart: Klett-Cotta.

Øygarden, Geir Angell. 2000. *Den Brukne Neses Estetik. En Bokom Boksing*. Oslo: Solum Forlag.

Pareto, Vilfredo. [1916] 1968. Traité de sociologie geéneérale. Vol. XII of *Oeuvres Complètes*. Geneva: Droz.

Park, Robert and Ernest Burgess. 1921. *Introduction*

to the *Science of Sociology.* Chicago, IL: University of Chicago Press.

Parsons, Talcott. [1937] 1968. *The Structure of Social Action.* New York: McGraw-Hill.

Persky, Joseph. 1995. "The Ethology of Homo Economicus", *Journal of Economic Perspectives* 9, 2: 221 – 231.

Pizzorno, Alessandro. 1978. "Political Exchange and Collective Identity in Industrial Conflict", pp. 277 – 298 in Colin Crouch and Alessandro Pizzorno (eds), *The Resurgence of Class Conflict in Western Europe Since* 1968. New York: Holmes & Meier Publishers.

Ratzenhofer, Gustav. 1898. *Die Sociologische Erkenntnis. Positive Philosophie des socialen Lebens.* Leipzig: Brockhaus.

Rogers, Kelly (ed.). 1997. *Self-Interest: An Anthology of Philosophical Perspectives.* New York: Routledge.

Rose, Jonathan. 1999. "The Ambidexterous Lawyer: Conflict of Interest and the Medieval Legal Profession". Draft. *College of Law*, Arizona State University.

Ross, E. A. 1905. *Foundations of Sociology*. New York: Macmillan.

Samuelson, Paul. 1938. "A Note on the Pure Theory of Consumer's Behaviour", *Economica* 5: 61-71.

Sartre, Jean-Paul. 1976. *Critique of Dialectical Reason*. London: Verso.

Schelling, Thomas. 1978. *Micromotives and Macrobehavior*. New York: W. W. Norton.

Schmitter, Philippe C. 1981. "Needs, Interests, Concerns, Actions, Associations and Modes of Intermediation: Toward a Theory of Interest Politics in Contemporary Society", *Wissenschaftszentrum*, Berlin. Unpublished paper.

Schoch, Magdalena (ed.). 1948. *The Jurisprudence of Interests*. Cambridge, MA: Harvard University Press.

Sen, Amartya. [1973] 1984. "Behaviour and the Concept of Preference", pp. 54-73 in *Choice, Welfare and Measurement*. Cambridge, MA: MIT Press.

Sen, Amartya. 1982. *Choice, Welfare and Measurement*. Cambridge, MA: MIT Press.

Sen, Amartya. 1986. "Rationality, Interest, and Identity", pp. 343 –353 in Alejandro Foxley et al. (eds), *Development, Democracy and the Art of Trespassing*. Notre Dame, IN: University of Notre Dame Press.

Sen, Amartya. 1997. "Foreword", pp. ix – xix in Albert O. Hirschman, *The Passions and the Interests*. 20th anniversary edn. Princeton: Princeton University Press.

Simmel, Georg. [1908] 1971. "The Problem of Sociology", pp. 23 – 35 in Georg Simmel, *On Individuality and Social Forms*. Chicago, IL: University of Chicago Press.

Simmel, Georg. [1911] 1997. "The Sociology of Sociability", pp. 120 – 130 in David Frisby and Mike Featherstone (eds), *Simmel on Culture*. London: SAGE.

Small, Albion. 1905. *General Sociology*. Chicago, IL: University of Chicago Press.

Smith, Adam. 1976. *An Inquiry into the Nature and Causes of the Wealth of Nations*. 2 vols. Oxford: Oxford University Press.

Sorokin, Pitirim. 1928. *Contemporary Sociological Theories*. New York: Harper & Brothers.

Stark, Andrew. 2000. *Conflicts of Interest in American Public Life*. Cambridge, MA: Harvard University Press.

Stigler, George. 1975. "Smith's Travels on the Ship of State", pp. 237 – 246 in Andrew Skinner and Thomas Wilson (eds), *Essays on Adam Smith*. Oxford: Clarendon Press.

Swedberg, Richard. 2005. "Conflicts of Interest in the U. S. Brokerage Industry", pp. 187 – 203 in Karin Knorr Cetina and Alex Preda (eds), *The Sociology of Financial Markets*. New York: Oxford University Press.

Tocqueville, Alexis de. [1835 – 1840] 2000. *Democracy in America. Trans*. And ed. Harvey Mansfield and Delba Winthrop. Chicago: University of Chicago Press.

Tribe, Keith. 1999. "Adam Smith: Critical Theorist?", *Journal of Economic Literature* 37, 2: 609 – 632.

Truman, David. 1951. *The Governmental Process: Political Interests and Public Opinion*. New York: Alfred A. Knopf.

US Congress. 2002. *Sarbanes-Oxley Act of* 2002. H. R. 3763. See www. findlaw. com.

Weber, Max. [1898] 1990. *Grundriss zu den Vorlesungen über Allgemeine ("theoretische") Nationalökono-*

mie. Tubingen: J. C. B. Mohr.

Weber, Max. [1920] 1946. "The Social Psychology of the World Religions", pp. 267 - 301 in Hans Gerth and C. Wright Mills (eds), *From Max Weber*. New York: Oxford University Press.

Weber, Max. [1922] 1972. *Wirtschaft und Gesellschaft. Grundriss der verstehenden Soziologie*. Studienausgabe. Tubingen: J. C. B. Mohr.

Weber, Max. [1922] 1978. *Economy and Society: An Outline of Interpretive Sociology*. Trans. Ephraim Fischoff et al. 2 vols. Berkeley, CA: University of California Press.

Weber, Max. 1991. *Wirtschaftsgeschichte*. Berlin: Duncker und Humblot.

Weber, Max. 1994. *Political Writings*. Cambridge: Cambridge University Press.

Weber, Max. 1999. *Max Weber im Kontext. Literatur im Kontext* auf CD-ROM 7. Berlin: Karsten Worm Info Soft Ware.

Whimster, Sam. 2002. "Notes and Queries", *Max Weber Studies* 3, 1: 74 - 98.

Wittgenstein, Ludwig. [1953] 1958. *Philosophical Investigations*. 3rd edn. New York: Macmillan.

# 索 引

## A

activity 活动 86，89，95，137，139，141，143，145，147，149，151，153，155，157，159，161，163，165，167，169，170，171，172，173，174，175，177，178，179，181，183，185，187，189，190，191，192，193，200，203，204，206，207，209，212

agency theory 代理理论 104，139，148，149，150，151，189

analogy 类比 137，139，141，143，145，147，149，151，153，155，157，159，161，163，165，167，169，170，171，172，173，175，177，179，180，181，183，184，185，187，189，191，193，211

anthropology 人类学 20，124，125

Arrow，Kenneth 肯尼思·阿罗

57

# B

balance 平衡 18, 29, 30, 113, 156, 187, 195, 212

behavioral economics 行为经济学 151, 152, 153, 154, 160

Bentham, Jeremy 杰里米·边沁 21, 40

Bentley, Arthur 亚瑟·本特利 83, 86, 91, 93, 100, 155, 156, 158

Bourdieu, Pierre 皮埃尔·布迪厄 81, 106, 122, 123

# C

class interests 阶级利益 10, 21, 78, 117

Coleman, James 詹姆斯·科尔曼 81, 83, 100, 182

collective action 集体行为 80, 189

conflict of interest 利益冲突 195, 196, 197, 198, 199, 201, 202, 203, 205, 206, 207, 208, 209, 210, 211, 212

Conolly, William 威廉·康纳利 161

constitution 宪法 32, 54, 195, 212

custom 习俗 108, 111, 112, 180

# D

DiMaggio, Paul 保罗·迪马乔 129

definition of interest 利益定义 12

disinterest 无私 27, 28, 43, 73, 123, 126, 127, 186

Duke of Rohan 洛汉公爵 18

# E

economic interests 经济利益 6, 8, 21, 36, 41, 43, 44,

46，55，58，59，61，99，106，109，114，115，117，118，119，121，124，135，139，183，185，189，190

economics 经济学 2，3，4，6，8，9，11，20，21，22，29，34，40，44，46，47，48，51，54，55，56，57，58，61，62，63，64，65，66，94，100，102，103，106，110，124，125，127，128，135，137，138，139，140，141，142，143，144，145，147，148，149，151，152，153，154，158，160，161，179，185，188，189，190

Edgeworth, Francis 埃奇沃斯 56

Emirbuyer, Mustafa 埃米贝尔 7，128

emotions 感情 30，43，52，68，69，109，114，167，173

Europe 欧洲 18，69

# F

falsified preferences 伪装的偏好 143

following a sign-post 遵循一个路标 170，172，173，180

Freud, Sigmund 弗洛伊德 10

# G

game theory 博弈论 144，145

general interest 一般利益 33，80

Gunn, J. A. W. 冈恩 15，17

# H

habit 习惯 68，69，108，173，186

Hardin, Russel 拉塞尔·哈丁 150

Helve'tius, Jean-Adrien 爱尔维修 7，101

Hirschman, Albert O. 阿尔伯

特·赫什曼 5，14，18，34，50，100

Hobbes, Thomas 霍布斯 53，128

Holmes, Stephen 斯蒂芬·霍尔姆斯 14，33，34

homo economicus 经纪人 148，149，150，199

Huber, Beat 彼特·休伯 84

Hume, David 大卫·休谟 4，5，15，20，28，29，34，48，67

# I

ideal interests 观念利益 55，119

ideas 观念 12，13，16，17，21，22，23，29，33，38，46，55，56，57，58，59，61，63，64，65，68，70，71，72，75，78，80，81，82，85，87，91，93，95，98，100，101，103，104，105，107，117，119，120，121，122，123，124，126，129，132，133，134，135，138，139，141，142，143，150，153，156，166，169，170，177，178，179，181，182，183，184，185，186，189，191，196，197，212

incentives 激励 38，147，149，173

individualism 个人主义 75，76，135，185

institutions 制度 7，89，125，129，130，136，138，147，155，179，180，181，184，186，187，192，200

interest 利益 1，2，3，4，5，6，7，8，9，10，11，12，13，14，15，16，17，18，19，20，21，22，23，25，26，27，28，29，30，31，32，33，34，35，36，37，38，39，40，41，42，43，44，45，46，47，48，49，50，51，52，53，54，55，

57, 58, 59, 60, 61, 62, 63, 64, 65, 66, 67, 68, 69, 70, 71, 72, 73, 74, 75, 77, 78, 79, 80, 81, 82, 83, 84, 85, 86, 87, 88, 89, 90, 91, 92, 93, 94, 95, 96, 97, 98, 99, 100, 101, 102, 103, 104, 105, 106, 107, 108, 109, 110, 111, 112, 113, 114, 115, 116, 117, 118, 119, 120, 121, 122, 123, 124, 125, 126, 127, 128, 129, 130, 131, 132, 133, 134, 135, 136, 137, 138, 139, 140, 141, 142, 143, 144, 145, 146, 147, 148, 149, 150, 151, 152, 153, 154, 155, 156, 157, 158, 159, 160, 161, 162, 163, 164, 165, 166, 167, 168, 169, 170, 171, 172, 173, 174, 175, 176, 177, 178, 179, 180, 181, 182, 183, 184, 185, 186, 187, 188, 189, 190, 191, 192, 193, 194, 195, 196, 197, 198, 199, 201, 202, 203, 204, 205, 206, 207, 208, 209, 210, 211, 212, 213

interest group 利益集团 2, 83, 92, 93, 94, 113, 138, 154, 155, 156, 157, 158, 159, 164, 189

interest paradigm 利益范式 50, 52

interesting 有趣的 43, 60, 110, 143, 145, 172, 195

invisible hand 看不见的手 20, 38, 39, 54

## J

justice 正义 20, 29, 30, 31, 32, 37, 48, 186

## K

Knight, Frank 弗兰克·奈特

16, 57, 59

Kuran, Timur 第默尔·库兰 143

## L

La Rochefoucauld, François 拉罗什福科 4, 5, 15, 19, 20, 22, 23, 24, 25, 26, 27, 28, 40, 48, 50, 51, 65

language-game 语言游戏 170, 171

law 法律 17, 37, 40, 112, 148, 180, 186, 188, 196, 197, 198, 200, 206, 207, 208, 209

liberalism 自由主义 130, 164

liberty 自由 37, 44, 50, 90, 121, 130, 164, 176, 177, 181, 185, 186, 202

## M

Madison, James 詹姆斯·麦迪逊 212

Mandeville, Bernard 伯纳德·曼德维尔 5, 54

Mannheim, Karl 卡尔·曼海姆 185

Marshall, Alfred 阿尔弗雷德·马歇尔 63

Marx, Karl 卡尔·马克思 4, 21

material interests 物质利益 8, 70, 107, 113

Mauss, Marcel 马塞尔·莫斯 20

Menger, Carl 卡尔·门格尔 61, 62

Merton, Robert K. 罗伯特·金·默顿 77, 185

Meyer, John 约翰·梅耶尔 129, 135

Mill, John Stuart 约翰·斯图亚特·密尔 21, 40, 41, 43, 48, 56

Montesquieu, Charles de Secondat 孟德斯鸠 18, 19, 22

## N

needs 需要　2, 8, 12, 14, 16, 18, 23, 35, 37, 38, 46, 53, 57, 58, 59, 60, 61, 66, 79, 81, 85, 88, 103, 109, 115, 126, 138, 141, 145, 149, 150, 163, 165, 166, 167, 168, 169, 172, 173, 174, 176, 179, 180, 181, 188, 199, 209, 212

## O

objectivity 客观性　28, 138, 174, 179, 184, 185, 186, 187, 202

Olson, Mancur 曼瑟尔·奥尔森　158

## P

Pareto, Vilfredo 帕累托　55, 65

Parsons, Talcott 塔尔科特·帕森斯　81, 128

political science 政治科学　2, 3, 137, 138, 154, 155, 156, 157, 160, 161, 162, 164, 179, 190

politics 政治学　15, 16, 17, 20, 79, 96, 158, 161, 164, 184, 188

Popper, Karl 卡尔·波普尔　24

preferences 偏好　11, 21, 65, 139, 141, 142, 143, 144, 161, 162

prisoners' dilemma 囚徒困境　139, 145, 146, 147

psychology 心理学　67, 84, 85, 87, 90, 103, 106, 123, 132, 134, 151, 152, 153, 154

## R

rationality 合理性　113, 115

Ratzenhofer, Gustav von 拉岑霍费尔 79, 80, 81, 83, 84, 85, 86, 89, 90, 91, 92, 93, 96, 97, 99, 105, 106, 131, 132, 155

real interests 真实利益 164

relational sociology 关系社会学 7, 128

religion 宗教 9, 11, 16, 20, 25, 48, 69, 73, 74, 111, 113, 115, 119, 120, 122, 123, 124, 126, 135, 174, 177, 178, 180, 182, 183, 184, 212

religious interests 宗教利益 123, 135, 183

Ross, E. A. 罗斯 80, 83, 86, 91, 92, 93, 99, 106, 132, 198, 199, 208

## S

Samuelson, Paul 保罗·萨缪尔森 141

Schmitter, Philippe 菲利普·施密特 161, 164

self-interest 自利 2, 3, 14, 21, 26, 27, 29, 30, 32, 33, 35, 41, 43, 44, 53, 55, 76, 80, 133, 139, 140, 141, 151, 158, 159, 162, 163, 189, 199, 212

Sen, Amartya 阿马蒂亚·森 139, 140, 153

separation of powers 分权 32

short-term interests 短期利益 9

sign-post 路标 170, 171, 172, 173, 174, 175, 176, 180, 184, 191, 194, 211

Simmel, Georg 乔治·齐美尔 80, 96

Small, Albion 阿尔比恩·斯莫尔 80, 83, 86

Smith, Adam 亚当·斯密 4, 5, 15, 20, 28, 34, 38, 48, 54, 67, 187

social mechanisms 社会机制 63, 64, 178

sociology 社会学 2, 3, 7, 13, 20, 23, 24, 29, 40, 54, 57, 66, 67, 68, 69, 77, 78, 79, 80, 81, 82, 83, 84, 85, 86, 87, 88, 89, 90, 91, 92, 93, 95, 96, 97, 98, 99, 100, 101, 102, 103, 104, 105, 106, 107, 108, 109, 111, 113, 115, 116, 117, 119, 121, 122, 123, 124, 125, 126, 127, 128, 129, 131, 132, 133, 134, 135, 136, 151, 153, 154, 161, 167, 177, 178, 179, 184, 185, 188, 190

Steuart, Sir James 詹姆斯·斯图亚特爵士 18

sexual interests 性利益 10, 88, 123

short-term interests 短期利益 9

## T

tautology 同义反复 6, 7, 8, 22, 33, 34, 41, 42, 43, 44, 52, 72, 122, 131, 133

Tocqueville, Alexis de 德·托克维尔 4, 67

Truman, David 戴维·杜鲁门 155, 156

trust 信任 150, 162, 163

## U

unitary type of interest 单一类型的利益 6, 177

United States 美国 9, 68, 69, 71, 72, 73, 74, 75, 80, 83, 86, 89, 91, 146, 147, 156, 157, 185, 186, 195, 196, 197, 198, 200, 201, 202, 203, 205, 208, 209, 210, 211, 212

Utilitarianism 功利主义 21, 39, 40, 41, 128, 130, 162

## V

virtue 美德 4

## W

Wittgenstein, Ludwig vii 维特根斯坦　169，170，171，172，175，179，190，191

Weber, Max 马克斯·韦伯　4，57，73，80，106，167

# 译后记

坦率地说，能够翻译理查德·斯威德伯格的著作是一个荣幸。作为当今世界著名的社会学家，他的几本著作在国内都有了汉译本。这本在他看来是小册子的著作也许没有其《经济社会学原理》等大作那样重要，但是仍然很值得一读。因为利益作为一个社会科学的概念，对我们来说真的是既熟悉又陌生。

特别说明的是，有关马克思的引文，书中的译文全部采用人民出版社1995年版的译法，但是，页码却采用该书英文本的原文页码，这样便于读者进一步了解国外马克思著作的一些情况。为此，文后还提供了原著的外文文献参考资料。

文后的索引词条目，来自于英文版，其编排顺序按照字母顺序进行，这样做，是为读者阅读原著或了解原词语提供方便。

对我而言，做完这样一个工作更多的却是感谢。因为孩子小以及工作比较繁忙的缘故，这几个月来我几乎都是每天凌晨四点钟起床，一个人坐在电脑前，四周一片寂静，不时地只有敲击键盘的声音。这样的一个过程不仅让我学到了很多的东西，更重要的是我重新找回了久违的、大学时代的读书感觉，而对于所谓的做学问而言，在一天中我也找到了一个最好的时间段。所以，首先我要感谢吉林大学的好友彭斌博士，没有他我也不可能有这样一个机会。更要感谢中央编译出版社的杜永明老师，他热心地帮助解决了这本书的版权问题，并确保能够顺利地出版。这本书的翻译初稿2009年已经完成，然而出版之难却远远超过了我的预期，没有中央编译出版社的援手，这本书真的很难和读者见面！所以，真的很感谢！当然还要感谢我的老师、学生和朋友，因为他们的认同，我一直没有放弃读书！最后感谢我的家人，他们是我前行的动力！

不知道是谁说过的，"翻译是一件战战兢兢的事情"。在翻译的过程中我查阅了很多的相关资料,但即使如此,由于自己水平所限肯定还会有不少的错误,恳请有识之士批评指正。

译　者
2016 年 10 月